ISBN: 978-3-947738-65-6

© 2022 Kampenwand Verlag
Raiffeisenstr. 4 · D-83377 Vachendorf
www.kampenwand-verlag.de

Autorin: Sandra Pirl

1. Auflage 2022
Illustration: Mireille Schäublin
Illustrationen Downloads: creativefabrica
Korrektorat und Lektorat: Lektorat Guaia
Bildlizenzen: ©Ksu P/Shutterstock; ©Chiociolla/Shutterstock;
©Faya Francevna/Shutterstock; ©Voronchihina Mariya/Shutterstock

Versand & Vertrieb durch Nova MD GmbH
www.novamd.de · bestellung@novamd.de · +49 (0) 861 166 17 27

Druck: CUSTOM PRINTING
Wał Miedzeszynski 217, 04-987 Warszawa, Polen

Magische Wichtelpost

120 Briefe für eine entspannte Wichtelzeit

Briefe bis
Silvester, Kurzbriefe
für das ganze Jahr,
Urlaubsbriefe, neue
Zaubersprüche,
Checklisten und
digitale Vorlagen

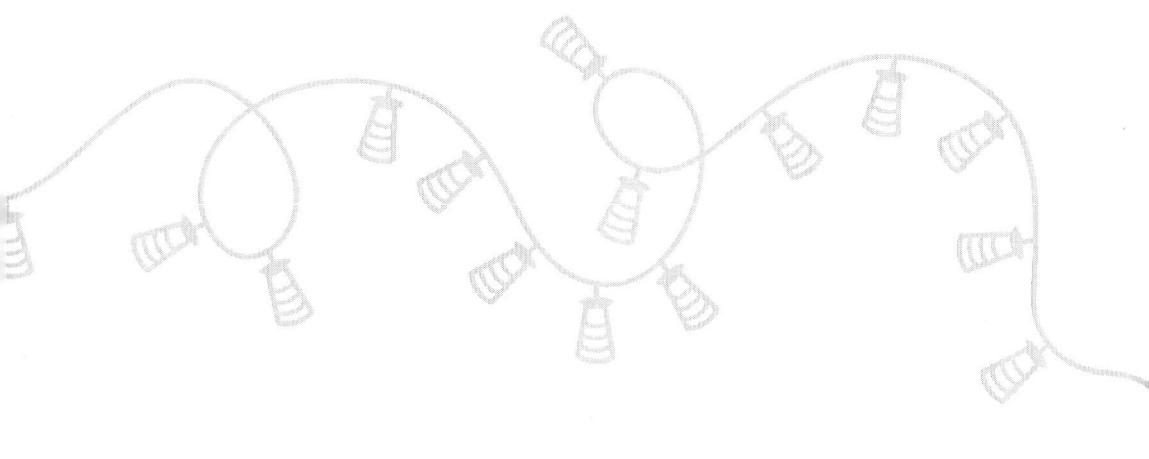

Inhalt

Einleitung

Liebe Leserinnen, liebe Leser,

seit einigen Jahren nimmt die Idee der Weihnachtswichtel ihren Lauf und verbreitet sich von den skandinavischen Ländern ausgehend, immer weiter in die ganze Welt. Besonders in Deutschland nimmt diese neue Weihnachtstradition mehr und mehr Fahrt auf und begeistert überall Kinder, Eltern und inzwischen auch Kindergärten und andere Einrichtungen, in denen sich Kinder aufhalten. So einfach diese Idee ist, nämlich zur Weihnachtszeit etwas Besonderes zu erleben und eine magische Weihnacht wirken zu lassen, so vielfältig sind die Auslegungen und Möglichkeiten.

Häufig zieht in der Vorweihnachtszeit ein Wichtel bei lieben Familien ein. Um diese in der schönsten Zeit des Jahres zu begleiten, zu beschützen und zu erheitern. Auch wenn man diese neuen magischen Mitbewohner auf Zeit nie sieht, gibt es doch genügend „Beweise", dass sie vor Ort sind!

Diese faszinierende Idee begleitet mich bereits seit vielen Jahren und so entstand seinerzeit der erste Wichtelratgeber überhaupt: Wichtel Schabernack Ideen. Während es in meinem ersten Buch um die liebevollen, witzigen Streiche geht, die der Wichtel als Beleg seiner Existenz überall im Hause hinterlässt, liegt der Fokus in diesem Buch auf den Wichtelbriefen.

Die Wichtelbriefe sind ein wichtiger Bestandteil, da sie die einzige Kommunikation zwischen Wichteln und Familienmitgliedern darstellen. Sie erzählen vom Wesen der Wichtel, was diese gerade beschäftigt, was sie erlebt haben und was sie in Ihrer Familie vorhaben.

Begleitet von kleinen (un)geplanten Missgeschicken und Streichen, zeigen sie den Kindern, dass nicht immer alles perfekt sein muss, um liebenswürdig zu sein.

Oberstes Ziel dieser neuen Familientradition ist es, die Fantasie anzuregen, gemeinsame Erlebnisse zu schaffen und den Kindern eine unvergessliche Weihnachtszeit zu bereiten.

Dieses Buch ist so aufgestellt, dass es für Familien/Institutionen genutzt werden kann, die die Idee schon kennen und bereits einen Wichtel zu Besuch hatten, als auch für diejenigen, bei denen zum ersten Mal ein Wichtel einzieht. Dabei nimmt Ihnen dieses Buch einen großen Teil der damit verbundenen Arbeit ab. Nicht immer bleibt ausreichend Zeit, sich Gedanken darüber zu machen, was der Hauswichtel schreiben könnte. Die Vorlagen und Ideen in diesem Buch unterstützen Sie an dieser Stelle.

Wenn Sie noch mehr über diese wunderbare Wichtelwelt erfahren möchten, finden Sie am Buchende weitere Wichtelbücher, die meiner Feder entsprungen sind und Ihnen ebenfalls sicherlich eine große Stütze sein werden.

Herzliche Grüße

Sandra Pirl

Handhabung des Buches

Der alternative Adventskalender

Viele Familien haben keine Lust mehr auf die immer gleichen Schoko-Adventskalender, die Jahr für Jahr teurer werden und die es zuhauf in jedem Markt zu kaufen gibt. Aber so ganz verzichten mag man natürlich nicht auf diese Tradition. Vielerorts wird die neue Tradition des Wichtels bereits mit dem Adventskalender kombiniert. Eine Möglichkeit ist zum Beispiel, dass genau aus diesem Grund ein Mini-Tellerchen an der Wichteltür bereitsteht, auf den der Wichtel Nacht für Nacht eine kleine süße Überraschung legt. Eine andere, dass die tägliche Überraschung jeweils leicht versteckt wird. So erhalten wir Spannung, Spaß und Schokolade auch ohne die bekannte Süßigkeit aus der Werbung! Damit Ihre Kinder aber nicht völlig überrascht davon sind, dass kein üblicher Adventskalender zur Verfügung steht, ist es sinnvoll, dies im Vorfeld zu thematisieren. Für diesen Fall habe ich einen Wichtelbrief vorbereitet, den sie im Kapitel unter „Brief Specials" finden und der natürlich deutlich vor dem 1. Dezember überreicht werden sollte.

Die Frage nach dem Glauben!

Bringt das Christkind oder doch der Weihnachtsmann die Geschenke und was ist, wenn ich weder an das eine noch an das andere glaube? Jede Familie hat ihren eigenen Glauben und ihre eigenen Traditionen. In diesem Buch bleibt diese Frage völlig offen! In „unserer Welt" arbeiten Weihnachtsmann und Christkind Hand in Hand in der Weihnachtswerkstatt zusammen. Mit Engeln, Elfen und Wichteln und allem, was dazu gehört. Wir haben uns entschieden, uns nicht zu entscheiden!

Wir sind evangelisch. Als ich ein Kind war, brachte ganz klassisch das Christkind die Geschenke. Aber wie soll man heutzutage zwischen all den Weihnachtsfilmen, die zu 99,9 % einen Weihnachtsmann statt Engeln in den Hauptrollen und der Werbung favorisieren, den Kindern den Unterschied erklären? Daher ist es in meinen Augen die eleganteste Art, diese Frage ganz diplomatisch zu lösen. Weihnachtsmann und Christkind – es gibt sie beide und jeder darf selbst glauben, wer einem die Geschenke bringt. Weihnachten wird nicht umsonst das Fest der Liebe genannt. Ein Fest, in dem es um das Miteinander und um Zeit füreinander geht. Nicht darum zu streiten, wer denn nun recht hat bezüglich dieser einen Glaubensfrage.

Abschreiben, ausschneiden oder kopieren?

Für jegliche Vorgehensweisen gibt es gute Gründe! Die Wichtelbriefe einfach auszuschneiden, zu falten und bereitzulegen, ermöglicht Ihnen eine schnelle und ganz stressfreie Vorbereitung ohne zusätzlichen Aufwand. Schreibt man die Wichtelbriefe ab, ist man maximal flexibel. Man kann eigene Ideen ergänzen oder andere weglassen und eigene Begebenheiten sowie Namen von Familienmitgliedern einfließen lassen.

Sind die Kinder jedoch schon etwas älter, wissen sie vielleicht schon, dass jeder seine eigene Handschrift hat. Sie könnten Ihre Handschrift in den Briefen des Wichtels erkennen und misstrauisch werden. Persönlich halte ich es so, dass ich mal das eine und mal das andere nutze!

Manchmal liegt von unserem Wichtel Jorik nur eine kleine Nachricht bereit – ein kleiner Notizzettel mit einem lieben Gruß. Nicht jeder Tag muss zwingend eine große Überraschung oder einen Schabernack bereithalten. An anderen Tagen lege ich die zuvor vorbereiteten schicken Wichtelbriefe vor dem Häuschen ab, sodass diese dort von den Kindern gefunden werden können.

Hilfreich ist es, sich im Vorfeld einen kleinen Ablaufplan zurechtzulegen.

Was plant der Wichtel an welchem Tag?
Welcher Briefinhalt soll wann bereit sein,
welche Streiche muss ich vorbereiten?

Wenn Sie mögen, nutzen Sie dafür meine Vorlage aus dem Download-Paket. In diesem finden Sie verschiedene wundervolle Blanko-Wichtelbrief-Vorlagen. Die Bilddateien (JPG) können Sie beispielsweise in Ihrem Schreibprogramm als Hintergrund verwenden und Ihrem Text somit einen zauberhaften Rahmen schenken oder einfach die bunte PDF-Version ausdrucken und diese per Hand beschriften.

Manche Briefe bauen aufeinander auf.
Beachten Sie bei jenen Briefen die richtige Reihenfolge
beziehungsweise dass diese nicht unterbrochen wird.

Trauen Sie sich, flexibel zu sein! Die Wichtelidee soll Ihnen und Ihrer Familie eine schöne Zeit bereiten. Setzen Sie sich nicht zu sehr unter Druck, denn schnell kann es in Stress ausarten, wenn immer alles schneller, besser und magischer sein soll. Erklären Sie Ihren Kindern, gerne auch durch einen Brief (S.215) des Wichtels, dass es sein kann, dass es nicht an jedem Tag einen Brief geben wird. Ein Wichtel hat viele Aufgaben und mitunter ist er unterwegs … da kann es schon mal vorkommen, dass eine kleine Briefpause entsteht.

Wann ist welcher Brief dran?

Im ersten Abschnitt finden Sie Briefe, die insbesondere für neue „Wichtel-Familien" geeignet sind. Gerade bei kleineren Kindern oder Kindern, die sich an den neuen Mitbewohner erst mal gewöhnen müssen, reichen einfache Briefe. Streiche und Zaubereien stehen noch nicht so im Vordergrund. Bislang habe ich tatsächlich keine Familie kennengelernt, die nicht zum Wiederholungstäter wurde. Ist man erst mal wichtelfiziert, möchte man seinen kleinen magischen Mitbewohner immer wieder einladen. Ältere Geschwister, die entdecken, was hinter dieser neuartigen Tradition steckt, helfen im Folgejahr die Streiche mit vorzubereiten und können sich ebenso wie wir Erwachsene über die ungläubigen Blicke ihrer kleineren Geschwister freuen. Auch in Kindergärten wird die Idee der kleinen freundlichen Wesen zur Weihnachtszeit immer öfter umgesetzt.

Die ersten beiden Briefe sollten Sie vor dem 1. Dezember platzieren. Zum Beispiel könnten Sie am 1. Advent starten, wenn dieser im November liegt. Der zweite Brief kann kurz darauf folgen, sollte aber ebenso im November hingelegt werden. Während die ersten beiden Briefe im Briefkasten gefunden werden sollen, liegen die folgenden Briefe ab dem 1. Dezember stets im Bereich der Wichteltür bereit.

Sie können ganz bequem unsere fertigen Briefe in der dargelegten Reihenfolge nutzen, aber auch einzelne Briefe auslassen oder durch eigene Ideen ersetzen.

Während die ersten 26 Briefe etwas ausführlicher sind, folgen im späteren Abschnitt sehr kurze Briefe. Je nach Alter der teilnehmenden Kinder ist es sinnvoll, die Länge der Briefe anzupassen. Die Kurzbriefe dienen als Aufhänger, als Ideensammlung und reichen meist schon aus. Nicht jeder Wichtelbrief muss ellenlang sein. Oft reicht ein kleiner Gruß a là „Ich wünsche dir einen schönen Tag."

Wichtelige LESER-INFOS Briefe bis Silvester

Zu manchen der Briefe aus dem Kapitel „26 Briefe durch den Advent bis Silvester" benötigen Sie ergänzende Informationen. Diese finden Sie abschnittsweise vor den jeweiligen Briefen.

Erste Briefe

Erster und zweiter Brief – für neue Wichtelfans

Die ersten zwei Briefe sind für neue Wichtelfans, bei denen zum ersten Mal ein Wichtel einziehen soll.

Diese Briefe sollen ganz klassisch im Briefkasten hinterlegt werden. Vielleicht können die Kinder des Hauses dabei helfen, den Briefkasten zu leeren und sind so gleich dabei, diese wundersamen Briefe zu entdecken.

Erster und zweiter Brief – für bekennende Wichtelfans

Die zwei darauffolgenden Briefe sind für bekennende Wichtelfans, bei denen schon im Vorjahr ein Wichtel leben durfte und die mit dem Thema bereits vertraut sind.

Wie bei den ersten beiden Wichtelbriefen für neue Wichtelfreunde könnten diese Briefe über den Briefkasten zu den Kindern gelangen.

Absender dieser vier Briefe ist jeweils das Weihnachtsdorf. Wenn Sie den Briefen ein gewisses Extra verleihen möchten, können Sie gerne unsere Wichtelbriefmarken aus dem Download-Paket nutzen, um Ihre Briefumschläge zu verschönern.

Die Anleitung für den erwähnten Wichtelrufer finden Sie im Download-Paket.

Liebe Familie,

wir freuen uns, euch mitteilen zu können, dass das Weihnachtskomitee beschlossen hat, euch in die engere Auswahl zu nehmen. Jedes Jahr wählen wir nette Familien aus, die zur Weihnachtszeit Besuch von einem unserer Wichtel erhält. Der Wichtel oder die Wichteline zieht für diese Zeit in das Haus der jeweiligen Familie ein, um diese in der Vorweihnachtszeit zu unterstützen. Aber keine Sorge, der Wichtel braucht nicht viel Platz und bringt fast alles selbst mit, was er benötigt. Überdies wählen wir natürlich nur Wichtel aus, die besonders liebenswert und witzig sind. Die Wichtel sind im Wesentlichen in der Nacht aktiv und stören die Familien daher nicht in ihren Abläufen. Dafür bringen sie viel Freude, sie können manchen Zauber wirken und sorgen gelegentlich für einen lustigen Streich. Es gibt zwei Besonderheiten, auf die ihr achten müsst: Die magische Wichteltür darf nie geöffnet werden, sie könnte versehentlich kaputtgehen und wäre für die Wichtel nie mehr nutzbar. Auch wenn ein Wichtel bei euch wohnt, werdet ihr ihn nie sehen. Würde ein Wichtel von einem Menschen gesehen, würde sich der Wichtel so sehr erschrecken, dass er fortan nicht mehr zaubern könnte. Aber ihr müsst nicht traurig sein. Wichtig ist zu wissen, dass der Wichtel kommt, um euch die Weihnachtszeit zu verschönern und ihr könnt einander Briefe schreiben und eure Freundschaft auf diesem Wege ausbauen. Nun ist es an euch zu entscheiden, ob ihr bereit seid, einen netten Wichtel bei euch einziehen zu lassen.

Wenn ihr dazu bereit seid, stellt euch in einem Kreis auf und haltet euch an den Händen. Als Nächstes müsst ihr folgende Nachricht aufsagen:

Sehr verehrtes Weihnachtskomitee, mit oder ohne Schnee sind wir bereit!
Denn es ist gescheit, einem Wichtel ein Zuhause zu geben.

Danach klatscht ihr drei Mal in die Hände und dreht euch einmal herum. Die Nachricht gelangt so automatisch auf unseren Weihnachtskomitee-Anrufbeantworter und wir senden euch alsbald eine neue Nachricht.

Herzliche Grüße

Oberwichtel Gilby Jokkmokk

Liebe Familie,

vielen herzlichen Dank für eure Nachricht. Ich darf euch verkünden:

In Kürze zieht ein besonders liebes Wichtelwesen bei euch ein. Es sind nur noch wenige Vorbereitungen unsererseits nötig und dann geht es schon bald los. Ihr seid bestimmt schon gespannt und aufgeregt, oder? Wenn ihr mögt, könnt ihr natürlich ebensokleine Vorbereitungen treffen.

Sucht gemeinsam mit euren Eltern eine geeignete Stelle aus, an der die Wicheltür aufgestellt werden kann. Die Wicheltür ist eine ganz besondere magische Tür, aber das wird euch euer Wichtelchen bald selbst schreiben. Räumt also die Stelle frei, an der die Wicheltür zukünftig stehen darf und markiert diese Stelle durch einen Wichtelrufer. Wie ein Wichtelrufer hergestellt wird, steht in der Anleitung, die diesem Brief beiliegt. Wir wünschen euch eine tolle Vorweihnachtszeit und viele leckere Plätzchen.

Herzliche Grüße

Oberwichtel Gilby Jokkmokk

Liebe Familie,

was war das wieder für ein Jahr! Ich war so viel unterwegs und habe so viel erlebt, ich freue mich, euch bald davon erzählen zu können. Also, falls ich dieses Jahr wiederkommen darf? Es hat mir bei euch so gut gefallen, wenn ihr mögt, würde ich in Kürze meine magische Wichteltür bei euch erneut öffnen und gemeinsam mit euch die Vorweihnachtszeit erleben. Ich bin ja so gespannt, was wir dieses Jahr gemeinsam erleben können.

In den letzten Monaten war ich bei meiner Tante Clothilde zu Besuch. Außerdem habe ich an einer Keksback-Meisterschaft teilgenommen und den dritten Platz belegt. Ist das nicht der Hammer? Am Nordpol durfte ich Schlittschuhlaufen lernen, in der Weihnachtswerkstatt habe ich mit meinem neuen Freund Fredwin zusammengearbeitet und ein Schabernackseminar habe ich natürlich auch besucht. Zwischendurch durfte ich im Engelschor mitsingen ... Aber das war eher kurz, sie meinten, ich quietsche zu sehr! So ein Ding, oder? Aber ich sage ja immer, man kann nicht alles können! Also nicht so wild.

Nun bleibt aber die Frage aller Fragen! Darf ich wiederkommen?

Wenn ja, stellt euch in einem Kreis auf, haltet euch an den Händen und ruft gemeinsam:

WICHTEL WACHTEL WUNDERBAR
KOMM HERBEI, DAS IST DOCH KLAR!

Danach müsst ihr drei Mal in die Hände klatschen und euch einmal drehen. Dann gelangt eure Nachricht automatisch auf den Anrufbeantworter vom Weihnachtskomitee. Die geben mir dann Bescheid.

Herzliche Grüße & bis bald

Liebe Familie,

vielen Dank für eure tolle Nachricht auf unserem magischen Anrufbeantworter.
Wir haben eure Nachricht direkt weitergeleitet und was soll ich sagen, die
Freude war riesengroß und ich darf euch ein dickes DANKESCHÖN ausrichten.

Jetzt dauert es nicht mehr lange, bis euer Lieblingswichtel die Wichteltür
öffnet und wieder bei euch ist. Habt ihr denn schon alles vorbereitet? Ist
ausreichend Platz für die Wichteltür vorhanden und alles abgestaubt?
Vielleicht habt ihr ja Lust, zur Begrüßung ein schönes Bild zu malen? Auf
jeden Fall könntet ihr noch einen Wichtelrufer aufstellen, die Anleitung
liegt diesem Brief bei. Ich wünsche euch eine ganz tolle Weihnachtszeit.

Herzliche Grüße

Oberwichtel Gilby Jokkmokk

Wichtelnamen

Familien, bei denen zum ersten Mal ein Wichtel einziehen soll, stehen indessen vor der großen Entscheidung, einen Wichtelnamen zu wählen. Mal abgesehen davon, dass es viel sympathischer ist, wenn der neue Mitbewohner mit Namen angesprochen werden kann, ist es für Kinder auch viel greifbarer, wenn der Wichtel oder die Wichteline einen sympathischen Namen trägt.

Gewöhnlich werden skandinavische Namen bevorzugt, da die Idee der Wichtel aus den Nordländern stammt. Über das Internet lassen sich leicht viele passende Namen recherchieren, aber vielleicht gefällt Ihnen ein Name aus unserer folgenden Liste.

Falls nicht, ist natürlich auch jeder andere Name möglich.

Namen für männliche Wichtel

- Arne
- Arvid
- Benke
- Bente
- Birk
- Bolli
- Brim
- Dröm
- Elliot
- Emil
- Finn
- Fjosok
- Frederik
- Friedo
- Frodo
- Henry
- Holm
- Isak
- Ivaldi
- Janne
- Jeppe
- Jesper
- Jockel
- Jonas
- Jonte
- Klex
- Knut
- Lasse
- Lennart
- Lenni
- Liam
- Lönne
- Lucas
- Lumpi
- Malte
- Mattis
- Melvin
- Merlin
- Michel
- Mik
- Milo
- Niels
- Nisse
- Odin
- Oskar
- Pepe
- Rul
- Sander
- Snorre
- Sören
- Talis
- Tammo
- Tem
- Tomte
- Tontu
- Yorick

Namen für Wichteldamen

- Agnes
- Alicia
- Alma
- Alva
- Annika
- Elda
- Ella
- Ellen
- Elsa
- Elvina
- Finja
- Fleur
- Flora
- Freya
- Frida
- Ida
- Josefine
- Lilja
- Lilly
- Lina
- Linnea
- Liva
- Lovis
- Madita

- Maja
- Malena
- Marla
- Merle
- Mila
- Milli
- Mine
- Nora
- Nova
- Ronja
- Rosa
- Runa
- Sina
- Smilla
- Sofia
- Svea
- Thea
- Tilda
- Tuva
- Undis
- Varuna

26 Briefe durch den Advent bis Silvester

♡

Die folgenden Briefe eignen sich ganz besonders dann, wenn Ihnen nur sehr wenig Zeit bleibt. Vom ersten bis zum letzten Brief ist alles für Sie vorbereitet. Ergänzende Erklärungen finden Sie abschnittsweise anbei. Wenn Sie mögen, nutzen Sie unsere Checkliste aus dem Download-Paket um leichter einen Überblick zu behalten. Ergänzen Sie die Briefe gerne um den Wichtelnamen Ihres Wichtels oder Ihrer Wichteline, somit werden die Briefe noch persönlicher.

WICHTELIGE LESER-INFOS BRIEF 1 - 4

Leser-Info Brief 1:

Die ersten Wichtelbriefe lagen im Briefkasten, nun wohnt der Wichtel aber mit im Haus und kann seine Briefe für die Familie einfach vor die Wichteltür legen, damit sie direkt gefunden werden.

Mit dem ersten Brief bringt der Wichtel ein kleines Geschenk, eine Überraschung zum Einzug. Gerade für Kinder, die die Wichtelidee noch nicht kennen, ist dies hilfreich. Die Tatsache, dass der Wichtel nachts im Haus herumläuft, könnte vielleicht für Unwohlsein sorgen. Ein Geschenk signalisiert dem Kind, dass ein Wichtel, der ein Geschenk mitbringt, kaum Schlechtes im Sinn hat. Freilich muss es an dieser Stelle kein Geschenk von hohem Wert sein. Ein Schokololli oder etwas zum Basteln, ganz wie es Ihnen beliebt.

Im Brief für den ersten Dezember werden Umzugskartons erwähnt. Eine Vorlage für Umzugskartons finden Sie im Anhang. Einfach ausdrucken, zusammenfalten und vor die Wichteltür stellen. So erhält dieser Wichtelbrief ein passendes „Setting".

Leser-Info Brief 2:

Wenn Sie möchten, können Sie zum zweiten Brief ein Warnschild mit Bezug auf die Wichteltür aufstellen. Die digitale Vorlage hierzu (Download-Paket) ausdrucken und ausschneiden. Eine Seite mit Klebstoff bestreichen, einen Zahnstocher drauflegen, die zweite Seite des Schildes darüberlegen und fest andrücken. Als Ständer eignet sich ein wenig Knete. Alternativ kann das Warnschild einfach angelehnt werden.

Leser-Info Brief 3:

Die Adressen für die Wunschzettel finden Sie auch auf:

https://www.deutschepost.de/de/w/weihnachts-post/weihnachtsmann-christkind.html

Bitte prüfen Sie übers Internet, ob die abgedruckten Adressen noch aktuell sind.

Bevor der Wunschzettel abgeschickt wird, lohnt es sich, ihn zu kopieren oder einzuscannen, falls man diese Möglichkeiten hat. Wunschzettel aus Kindertagen sind eine wundervolle Erinnerung, wenn man sie sich Jahre spätr wieder anschaut.

Leser-Info Brief 4:

Für das Setting des vierten Briefes könnten Sie Wichtelstifte anfertigen. Diese sind schnell gebastelt und werden von den Kindern sicher intensiv bestaunt. Dazu nutzen Sie Zahnstocher und knipsen mittels einer Schere etwas mehr als die Hälfte ab. Das kleinere Stück nehmen Sie als Stift. Mit verschiedenen farbigen Filzstiften verpassen Sie dem Zahnstocher einen bunten Anstrich. Die Spitze stellt die Mine dar, folgend bleibt ein Stückchen blank, also unbemalt und den Rest färben Sie rundherum in der gleichen Farbe wie die Spitze. Schauen Sie sich einfach einen Buntstift an, so fällt es leichter, sich dies vorzustellen. Ihr Stifte-Ensemble legen Sie im Bereich der Wichteltür aus. Falls die kleinen Racker am nächsten Tag bemängeln, dass diese Stifte gar nicht „funktionieren", lautet die Antwort natürlich: „Es sind magische Wichtelstifte. Natürlich funktionieren sie nicht bei uns, wir sind ja keine Wichtel!"

1. Dezember

Hallo ihr Lieben!

Ich bin ja so aufgeregt und ich freue mich so sehr, dass ich bei euch sein darf.

Damit ihr mich etwas kennenlernt, möchte ich mich zunächst vorstellen.

Ich heiße   , komme aus
Skandinavien, genauer gesagt aus Dänemark.

Ich bin 114 Jahre alt und damit noch recht jung,
denn wir Wichtel leben sehr, sehr lange.

Mein Lieblingsessen ist "Stegt flæsk med persillesovs" – das ist knuspriges
Schweinefleisch mit Petersiliensoße und Kartoffeln. Das ist in Dänemark
gewissermaßen ein Nationalgericht. Genauso gerne mag ich aber Spaghetti
Bolognese und Pommes mit Eis. Was mögt ihr denn besonders gerne? Meine
Lieblingsfarben sind Grün und Rot und ich lese gerne. Im Sommer spiele ich gerne
Fußball und schwimme in den Fjorden Dänemarks. Als kleines Willkommensgeschenk
und Dankeschön, dass ich bei euch sein darf, habe ich euch etwas mitgebracht.
Ich hoffe, es gefällt euch. Eine Bitte habe ich noch: Bitte geht auf gar keinen
Fall an meine Wichteltür. Das ist wirklich richtig wichtig. Warum, das schreibe
ich euch morgen. Nun muss ich erst mal noch meine Umzugskartons auspacken.

Ganz liebe Grüße

1. Dezember

Hallo ihr Lieben!

Hach, ich freue mich so sehr, dass ich wieder bei euch sein darf.

Unterwegs zu sein ist natürlich immer spannend und aufregend, aber
wie sagt man gerne: Nirgends ist es so schön wie Zuhause!

Gleich wärme ich mir noch eine schöne Portion "Stegt flæsk med persillesovs"
auf. Das ist knuspriges Schweinefleisch mit Petersiliensoße und Kartoffeln.
Das ist in Dänemark gewissermaßen ein Nationalgericht und Tante Clothilde
hat mir eine große Portion mitgegeben, sodass ich heute nicht mehr kochen
muss. Das ist lieb, oder? Was esst ihr denn im Moment besonders gerne?

Als kleines Dankeschön, dass ich wieder bei euch sein darf, habe ich euch etwas
mitgebracht. Ich hoffe, es gefällt euch. Eine kleine Erinnerung habe ich noch
für euch: Bitte geht auf gar keinen Fall an meine Wichteltür. Aber das wisst ihr
noch, oder? Zur Sicherheit schreibe ich euch morgen noch mal auf, warum das
so wichtig ist. Nun muss ich erst mal noch meine Umzugskartons auspacken.

Ganz liebe Grüße

2. Dezember

Hallo ihr Lieben!

Ich war richtig fleißig heute Nacht. Alle Umzugskartons sind ausgepackt und auch
mein Wichtelbett ist frisch bezogen. Mein Bettbezug hat ein ganz tolles, neues
Muster. Es sind gelbe und grüne Sterne darauf, so lässt es sich ganz besonders
gemütlich schlafen. Ich hatte auch einen richtig schönen Traum. Ich saß auf einer
Gartenbank, die Sonne schien warm auf meinen Rücken und ich hatte einen riesigen
Eisbecher vor mir. 39 Kugeln mit einer großen Sahnehaube und Schokostreuseln.
Allein konnte ich so viel natürlich nicht schlecken, aber plötzlich kamt ihr mir
zu Hilfe, habt euch zu mir gesetzt und gemeinsam haben wir die Kaltspeise
vernascht. War das ein Spaß. Aber gut, dass das nur ein Traum war, in Wirklichkeit
hätten wir vermutlich ziemliche Bauchschmerzen von so viel Eis bekommen.

Ich hatte euch ja versprochen, dass ich noch mal von meiner magischen Tür
erzählen will, um euch zu erinnern, dass die Tür kein Spielzeug ist. Nur ich
kann meine magische Pforte wirklich öffnen. Wenn ihr sie öffnen würdet, würdet
ihr nicht das sehen, was ich sehe. Mein Heim bliebe euch verborgen, es ist ja
schließlich ein magisches Portal. Aber falls mein Eingang kaputtgeht, wenn
ihr sie öffnet oder damit spielt, dann könnte es sein, dass sie sich nie wieder
aufschließen lässt und ich euch vermutlich nie wieder besuchen kann. Bitte gebt
daher ganz besonders auf meine Türe Acht und schaut sie euch lieber nur an.

Nun wünsche ich euch erst mal einen tollen Tag. Morgen schreibe ich euch von
einer wichtigen Aufgabe. Ihr könnt schon mal Papier und Stifte bereitlegen.

Ganz liebe Grüße

3. Dezember

Hallo ihr Lieben!

Die Weihnachtswerkstatt hat sich bei mir gemeldet. Ich soll euch
ausrichten: Es wird Zeit für euren Wunschzettel. Wisst ihr schon,
was ihr euch dieses Jahr zu Weihnachten wünscht?

Es wäre schön, wenn ihr eure Wünsche aufschreibt, aufmalt oder einklebt. Vielleicht
habt ihr ja gerade einen Spielzeugkatalog zur Hand. Natürlich könntet ihr auch
Bilder aus dem Internet ausdrucken und auf den Wunschzettel kleben. Wenn
ihr euren Wunschzettel fertig habt, müsst ihr euren Namen darauf vermerken
und in einen Briefumschlag stecken. Ganz wichtig: Schreibt (oder lasst euch von
euren Eltern helfen) euren Absender auf die Rückseite. Die Adressen, an die ihr
eure Wunschzettel senden könnt, schreibe ich euch natürlich auch direkt auf.
Sucht euch einfach eine Adresse aus. Falls ihr aber keine Briefmarke zur Hand
habt, könnt ihr euren Brief auch einfach vor meine Türe legen, ich kümmere mich
darum, dass er die Weihnachtswerkstatt erreicht. Meinen eigenen Wunschzettel
muss ich auch gleich mal fertigstellen. Einen tollen Tag wünsche ich euch.

Ganz liebe Grüße

Adresse vom Weihnachtsmann

An den Weihnachtsmann
Weihnachtspostfiliale 16798 Himmelpfort

oder

An den Weihnachtsmann
Himmelsthür
31137 Hildesheim

Adresse vom Christkind

An das Christkind
51777 Engelskirchen

oder

An das Christkind
21709 Himmelpforten

oder

An das Christkind
97267 Himmelstadt

4. Dezember

Hallo ihr Lieben!

Es geht mir richtig gut! Es ist so schön bei euch und es macht Spaß, in
eurem Heim mit euch zu leben. Habt ihr es geschafft, euren Wunschzettel
zu erstellen? Ich war sehr fleißig und habe meinen in meiner schönsten
Schrift verfasst. Später habe ich noch fünf neue Bilder gemalt, um meine
Wohnung zu verschönern. Aber ... ein Bild fehlt mir noch! Habt ihr Lust, ein
Bild für mich zu malen, dass ich in mein Wohnzimmer hängen kann?

Vielleicht denkt ihr jetzt, wie das gehen soll und ob ihr nun klitzeklein malen
müsst, weil so ein großes Blatt Papier kaum in meine Wohnung passt! Aber keine
Sorge, ich kann ja schließlich zaubern. Also, wenn ihr mögt, dann malt mir
zusammen ein Bild und ich sorge mit einem Zauber dafür, dass die Größe stimmt.
Irgendetwas wollte ich euch noch schreiben, aber ich erinnere mich gerade nicht!
Merkwürdig. Das Einzige, das ich noch weiß, ist, dass es mit euren Schuhen
zusammenhängt. Egal! Ich überlege noch mal und schreibe es euch einfach morgen.

Ich wünsche euch einen wichteligen Tag.

Ganz liebe Grüße

WICHTELIGE LESER-INFOS BRIEF 5 - 8

Leser-Info Brief 4/5:

Im vierten Brief wird um ein gemaltes Bild gebeten. Vor dem fünften Brief muss dieses Bild beiseitegenommen werden (ohne, dass die Kinder dies mitbekommen). Eine sehr schöne Idee, die für großes Staunen sorgen wird, ist es, das gemalte Bild deutlich zu verkleinern. Falls Sie über einen Multifunktionsdrucker mit Scan und Kopierfähigkeiten verfügen (vielleicht hat auch jemand in Ihrem Umfeld einen entsprechenden Drucker), ist dies leicht möglich. Einfach in den Einstellungen „Verkleinern" auswählen. In jenem Fall können Sie beide Versionen, das große Bild von ihrem Kind und die kleine Version im Bereich der Wichteltür auslegen. Was glauben Sie, was ihre Kinder für große Augen machen werden!

Ebenfalls im vierten Brief kündigt der Wichtel an, dass es etwas zum Thema Schuhe gäbe. Es wird nun Zeit, den ersten Streich vorzubereiten. Sie benötigen ein paar Teebeutel (unbenutzte Teebeutel, bitte). Diese hängen Sie kunstvoll in einige Schuhe der großen und kleinen Bewohner ihres Hauses. Die Kräuter sollen für einen guten Duft sorgen, aber das wird im nächsten, im fünften Brief erklärt.

Leser-Info Brief 6:

Bitte legen Sie ein Ausmalbild bereit. Im digitalen Download-Paket finden Sie verschiedene Ausmalbilder, die sich eignen.

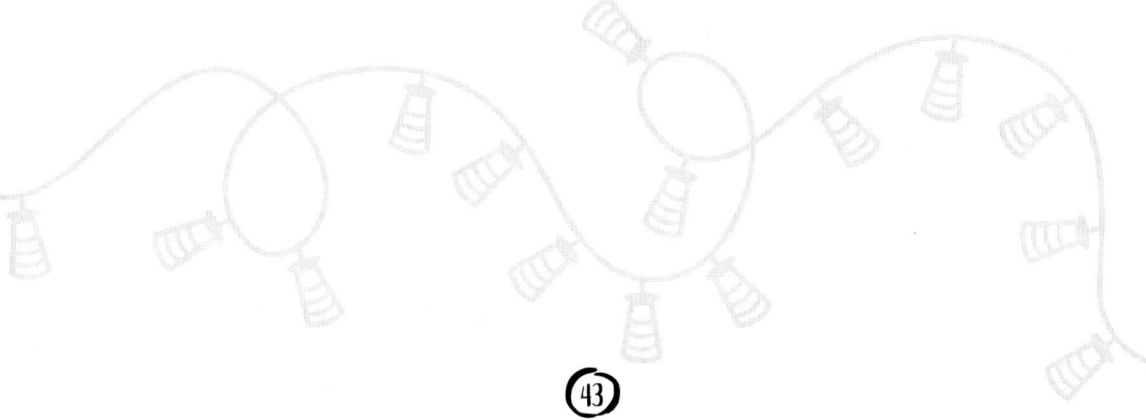

Leser-Info Brief 7:

Hier ist eine kleine geplante Ferkelei nötig.

 Schütten Sie ein bisschen Mehl auf die Küchenarbeitsfläche. Darin können Sie kleine Mehl-Fußspuren hinterlassen und auch sonst darf es nach einer Back-Aktion aussehen (Mixer aufstellen, Backblech querlegen und so weiter).

Einer alten Weisheit zufolge heißt es: Wo gehobelt wird, da fallen Späne!

In unserem Fall darf die Küche also so aussehen, als ob dort gearbeitet wurde.

Für die Kinder ist dies der beste Beleg dafür, dass ein Wichtel hinter all dem steckt, denn Mama oder Papa würden natürlich nie so ein Chaos in der Küche hinterlassen!

Bitte über Nacht die Tasse leeren und diese mit Keksen befüllen. Dies können selbst gebackene Kekse sein, falls Sie über Nacht backen möchten. Genauso sind gekaufte Kekse möglich. Eventuell ist es hier ratsam eine Sorte zu wählen, die die Kinder noch nicht kennen, da ansonsten schnell die Beschwerde folgen könnte, die Kekse wären nur gekauft und nicht gezaubert.

Wichtel-Wissen für Eltern:

Ein Zauber funktioniert nur, wenn der Wichtel die Kinder auffordert etwas für einen Zauber vorzubereiten. Nicht, wenn die Kinder sich den Spruch merken und ihn später noch mal selbstständig aufsagen.

Leser-Info Brief 8:

Haben Sie Nelken und Orangen zufällig da, müssen Sie nichts weiter tun. Ansonsten rechtzeitig beim nächsten Einkauf daran denken.

5. Dezember

Hallo ihr Lieben!

Na ... habt ihr meinen kleinen Streich schon entdeckt? Ich sage nur: SCHUHE.

Hihi ... Witzig, oder? Also ... eigentlich ist es nämlich nicht witzig, zumindest nicht für mich. Habt ihr eigentlich eine Ahnung, wie eure Schuhe müffeln? Und ich muss immer an den Schuhen vorbeilaufen und meine Nase zuhalten. Uiuiuihhh, ich kann euch sagen, ein feiner Geruch ist das nicht. Also dachte ich, ein paar Kräuter helfen. Die Teebeutel würde ich an eurer Stelle jetzt aber nicht mehr zum Teekochen nutzen – entsorgt sie lieber.

Vielleicht könnt ihr eure Schuhe mal so richtig lüften und putzen. Morgen ist ja schließlich Nikolaus. Also stellt eure geputzten Schühchen heute Abend vor die Türe und wenn ihr schon dabei seid, stellt noch ein Tellerchen mit einem Keks oder einer Orange bereit. Der Nikolaus teilt bekanntlich gerne und vielleicht mögt auch ihr ihn überraschen und eine Nascherei mit ihm teilen. Da würde er sich sicher sehr freuen.

Ich schicke euch einen dicken Drücker.

Ganz liebe Grüße

6. Dezember

Lasst uns froh und munter sein

und uns recht von Herzen freun!

Lustig, lustig, traleralera!

Bald ist Nikolausabend da,

bald ist Nikolausabend da!

Hallo ihr Lieben,

singt ihr auch so gerne wie ich? Welche Nikolauslieder kennt ihr denn so? Möchtet ihr mir eines vorsingen? Stellt euch einfach vor meine Türe und singt für mich, ich höre es, auch wenn ihr mich natürlich nicht sehen könnt.

Falls ihr Lust auf mehr Nikolauslieder habt, ich habe da etwas vorbereitet. Kennt ihr zufällig YouTube? Ich habe euch meine liebsten Nikolauslieder zusammengestellt.

Falls ihr Interesse habt, ihr findet die Playlist hier:
https://www.stayinspired.de/wichtel/

Vielleicht haben eure Eltern einen Fernseher, auf dem man YouTube nutzen kann oder ein Handy? Alternativ funktioniert es natürlich auch am Tablet/Computer.

Ich habe euch heute noch etwas mitgebracht. Ich dachte, ihr freut euch über ein schönes Nikolausbild zum Ausmalen. Jetzt habe ich ziemlichen Hunger, mal sehen, was ich später dagegen tun kann, aber zuerst werde ich mir ein kleines Nickerchen gönnen.

Liebe Grüße

7. Dezember

Backe, backe Kuchen, der Bäcker hat gerufen ...

Tja, hallo, ihr Lieben!

Was soll ich sagen ... es tut mir leid, aber irgendwie hat alles nicht so geklappt,
wie ich es geplant hatte. Ich war doch so hungrig und dachte, ich könnte
ein paar Plätzchen backen. Aber die Küchenarbeit war so anstrengend, dass
ich schnell ins Bett musste. Meine kleine Ferkelei in der Küche, ihr kümmert
euch doch darum und bringt alles wieder in Ordnung, oder? Das wäre toll.
Ich habe mir überlegt, anstatt zu backen, will ich lieber Kekse zaubern!

Seid ihr bereit für einen leckeren Zauber? Damit er
klappt, benötige ich eure Unterstützung.

Stellt eine kleine Tasse auf und füllt Folgendes hinein:
1 Prise Zucker
1 Prise Mehl
1 Prise Salz
1 Stückchen Backpapier

Anschließend müsst ihr folgenden Zauberspruch aufsagen:
Zucker, Mehl und Salz
Wichtelein erhalt's.
Ene, mene Schätzchen
jetzt wird daraus ein Plätzchen!

Über Nacht kann der Zauber wirken. Hoffentlich geht alles
gut, das Ergebnis seht ihr natürlich morgen!

Ich wünsche euch einen tollen Tag.

Liebe Grüße

8. Dezember

Hallo ihr Lieben!

Wisst ihr, was ich an Weihnachten so liebe? Die leckeren und
für Weihnachten so typischen Düfte. Es riecht nach Tannen und
Orangen, nach Zimt, Plätzchen und so vielem anderen.

Bei uns im Wichtelwald haben wir zur Weihnachtszeit immer Orangen mit Nelken
bespickt. Kennt ihr das auch schon? So werden aus den Orangen richtige Duftbälle.
Soll ich euch verraten, wie das geht? Das ist tatsächlich ganz einfach. Ihr benötigt
Orangen, einen Zahnstocher und viele Nelken. Mit dem Zahnstocher könnt ihr nun
durch die feste Schale der Orangen piksen. Richtig toll wird es, wenn man sich ein
kleines Muster überlegt. In die vorgepiksten Löcher könnt ihr anschließend die
Nelken hineindrücken. Die Kombination von Nelken und Orangen ergibt einen
ganz typischen Weihnachtsduft. Wer einen starken Daumen hat, der kann die
Nelken auch in die Orange drücken, ohne zuvor ein Löchlein gepikst zu haben.
Ich bin schon gespannt, wie es nachher bei euch riecht, wenn ich aufstehe.

Ich sende euch einen lieben Gruß

WICHTELIGE LESER-INFOS BRIEF 9 - 12

Leser-Info Brief 10:

Falls gewünscht, kann als Deko für das Setting des zehnten Briefes eine Miniaturausgabe von Gesellschaftsspielen hergestellt werden. Sie finden die Bastelvorlage im Download-Paket.

Leser-Info Brief 11:

Ebenfalls im Download-Paket sind verschiedene Rätsel zu finden, die Sie zu diesem Brief ausdrucken und an der Wicheltür bereitlegen können. Entscheiden Sie selbst, ob Sie ein oder mehrere Rätsel auswählen.

9. Dezember

Hallo ihr Lieben!

Heute Nacht benötigte ich ein bisschen Frischluft und war in eurer Nachbarschaft spazieren. Da gibt es ja viel zu entdecken! Hach, wenn doch nur immer Weihnachten wäre. Die schönen bunten Lichter überall. Ich gestehe, das gefällt mir richtig gut! Wenn ihr genug habt von der warmen Heizungsluft, dann geht doch eine Runde hinaus!

Die Straßen und Häuser sind schon so schön geschmückt, da lässt sich auf einem Spaziergang am frühen Abend, wenn es bereits etwas dunkel ist, viel entdecken. Vielleicht habt ihr ja Lust auf eine Runde Weihnachtsspaziergang-Bingo. Wir spielen das immer so: Zuerst suchen wir uns eine bestimmte Beleuchtung aus. Etwa einen Stern. Wenn wir durch die Straßen spazieren, schauen wir, wo wir in den Gärten oder Fenster der Häuser einen Weihnachtsstern sehen. Wer einen sieht, ruft „Bingo!" und darf sich dann die nächste Weihnachtsdeko aussuchen, die gefunden werden soll. Zum Beispiel ein Rentier und so weiter. So wird der winterliche Abendspaziergang eine richtige Gaudi! Viel Spaß und denkt an eure Mützen und Schals.

Ich sende euch wichtelige Grüße & habt einen schönen Tag

10. Dezember

Hallo ihr Lieben!

Heute Nacht habe ich eine Runde „Mensch ärgere dich nicht" gespielt. Das war aber ganz schön anstrengend, denn außer mir war ja keiner da und somit musste ich gegen mich selbst spielen! Aber es hatte auch etwas Gutes! Denn die gute Nachricht ist, ich habe gewonnen, hihi! Welche Spiele spielt ihr denn gerne? Erzählt doch mal! Vielleicht ist es an der Zeit, mal wieder ein tolles Gesellschaftsspiel auszupacken oder ein Kartenspiel! Ich liebe Kartenspiele. Mau-Mau und Schwarzer Peter zum Beispiel. Das sind die Kartenspiele, die wir immer in der Weihnachtswerkstatt spielen, wenn wir Pause haben. Dazu gibt es stets etwas zu naschen, schließlich muss man sich ja stärken, nicht wahr? Kekse und Marshmallows stehen dabei ganz oben auf meiner Favoritenliste. Was sind denn eure Lieblingsnaschereien?

Bei all dem süßen Kram darf man natürlich nicht vergessen, die Zähne ordentlich zu putzen. Ich gehe zwar gerne zu Onkel Willow, der ist bei uns im Wichteldorf der Zahnarzt, aber Löcher in den Zähnen mag ja keiner, nicht wahr?

Liebe Grüße

11. Dezember

Hallo ihr Lieben,

habe ich euch schon mal erzählt, dass ich ein Meisterdetektiv und eine richtige
Spürnase bin? Schon als kleiner Wichtel, als ich gerade mal 60 Jahre alt war,
durfte ich immer die Rätsel aus der Tageszeitung lösen. Meine Mama hat sie mir
aufbewahrt. Wenn ich aus der Schule kam und meine Hausaufgaben erledigt hatte,
habe ich mir die Rätselseiten meist hinaus mit in den Garten genommen, mich auf
meinen Lieblingsast gesetzt und gerätselt, bis ich die Lösung gefunden hatte.
Mein Papa meinte immer lachend, daher hätte ich die Falten auf meiner Stirn,
weil ich so viel grübeln würde. Na, jedenfalls dachte ich, ihr habt bestimmt auch
Spaß, ein wenig zu rätseln. Schaut also mal, was ich euch mitgebracht habe.

Liebe Grüße

12. Dezember

Hallo ihr Lieben!

Gestern hatte ich Besuch, mein Kumpel Fredwin kam vorbei. Erst haben wir zusammen
Spaghetti mit Tomatensoße gegessen und später saßen wir vor meinem
Häuschen auf der Gartenbank und erzählten uns Witze. Fredwin kennt so viele
Witze … ich habe so viel gelacht, dass hinterher mein Bauch Muskelkater vom
ganzen Lachen hatte. Kennt auch ihr lustige Witze? Wenn ja, erzählt doch
mal! Ich sitze in dem Fall wie immer hinter meiner Tür und höre euch zu.

Kennt ihr den Spruch: „Ein Lächeln am Morgen vertreibt Kummer und Sorgen?"
Nun, ich kenne niemanden, der sich nicht über Witze freut, daher habe ich drei
meiner Lieblingswitze für euch aufgeschrieben Ich bin gespannt, ob sie euch gefallen.

Liebe Grüße & einen witzigen Tag

Fritzchen fragt seinen Vater:
„Papa, was ist eigentlich Wind?"
Antwortet der Vater:
„Das ist Luft, die es eilig hat."

Was ist rot und schlecht für die Zähne?
Ein Ziegelstein!

Jeden Abend kommt Fritzchen vor dem
Schlafengehen mit nassen Haaren aus dem
Wohnzimmer. Schimpft die Mutter:
„Fritzchen, wie oft soll ich dir noch
sagen, dass du dem Goldfisch
keinen Gutenachtkuss geben sollst!"

WICHTELIGE LESER-INFOS BRIEF 13 - 16

Leser-Info Brief 14:

Für die kleine Unordnung zu diesem Brief benötigen Sie Obst. Ideal eignen sich Schalen von Äpfeln und/oder Mandarinen. Genießen Sie selbst am Abend etwas Obst und verteilen Sie an geeigneten Stellen mehrere Stücke der Schale. So erhält man den Eindruck, dass der Wichtel von der Obstschale bis zu seiner Tür vom saftigen Obst genascht hat.

Leser-Info Brief 15:

Als Prüfungsvorbereitung hat der Wichtel Geschenke einpacken geübt. Wahlweise können Sie an dieser Stelle Geschenkpapier nehmen oder der Umwelt zuliebe Altpapier, das zu diesem Zweck noch dienlich ist (Werbeprospekte etc.). Besonders witzig ist es, wenn Sie Dinge des alltäglichen Lebens einpacken. Etwa die Jacken der Kinder, die diese gleich anziehen wollen: einen Schuh, eine Kartoffel, die Frühstücksbrettchen. Ganz egal, was Ihnen einfällt, je mehr Geschenke, je verrückter die Dinge, die eingepackt werden, umso besser. Und schon wird Ihnen der nächste Streich glücken, der die Kinderaugen zum Leuchten bringen wird.

Leser-Info Brief 16:

Als Kinder saßen wir zur Vorweihnachtszeit am Fenster und sangen laut-stark: „Schneeflöckchen, Weißröckchen, wann kommst du geschneit?" Und siehe da: Es kam manchmal tatsächlich vor, dass es anfing zu schnei-en. Heutzutage weiß ich, dass unsere Mutter, die aufmerksam die Wet-terprognosen verfolgte, genau wusste, wann sie uns riet, uns ans Fenster zu setzen. Sie hat es damals schon geschafft, uns eine besonders schöne Weihnachtszeit zu bereiten und dafür bin ich ihr bis heute dankbar. Mit ihrer Fantasie hat sie die meine, von Kindesbeinen an, beflügelt und diese begleitet mich bis heute, über all die Stationen meines Lebens. Was ich damit sagen will: all das, was Sie für Ihr Kind tun (auch, wenn die Wich-telidee und deren Umsetzung anstrengend sein kann), wird Ihr Kind bis weit ins Erwachsenenleben beflügeln.

Zum Ende des 16. Briefes kündigt der Wichtel an, er hätte etwas für die Fenster bereitgelegt. Die Fenster sollen also noch ein wenig verschönert werden. Bitte nutzen Sie das, was Ihnen am Ehesten liegt! Kreidestifte, mit denen man auf Glas malen kann, sind z. B. im Internet erhältlich. Bastelideen finden Sie ebenso einfach im Internet, vielleicht haben Sie aber auch noch eine Lichterkette übrig, die Sie anbringen möchten oder dekorieren Sie die Fensterbank mit einigen frischen Tannenzweigen, in die man wiederum ein paar gebastelte Sterne oder fertige Deko legen kann.

13. Dezember

Hallo ihr Lieben!

Als ich noch ein kleiner Wichtel war, haben wir Zuhause mit der Familie gemeinsam Weihnachtslieder geträllert. Einfach so zwischendurch und sogar beim Aufräumen. Mit Liedern räumt es sich übrigens viel schneller auf als ohne. Habt ihr das schon probiert? Wie wäre es, wenn auch ihr zusammen singt? Ich habe meine liebsten Weihnachtslieder extra für euch zusammengestellt. Wenn ihr sie oft genug hört, könnt ihr sicher bald alle Lieder auswendig mitsingen.

Hier geht es zur Playlist
https://www.stayinspired.de/wichtel/

Ergänzend zu den Liedern habe ich noch eine aktive Idee! Wisst ihr, was mit Liedern auch besser funktioniert? Tanzen und Hüpfen – also los, aufstehen und durch die Zimmer tanzen. Aber nicht zu wild, nicht, dass irgendetwas umfällt. Es gibt übrigens auch lustige Tanzspiele, die kennt ihr aber vermutlich schon aus dem Kindergarten, oder? Zum Beispiel darf man sich nur so lange bewegen, wie die Musik läuft. Stoppt das Lied, darf man sich gar nicht mehr bewegen. Nicht mal ein klitzekleines bisschen. Wer sich doch bewegt, der verliert! Ist doch klar, oder? Also ihr Lieben, ich wünsche euch viel Spaß beim Trällern und Tanzen.

Liebe Grüße

14. Dezember

Hallo Ihr Lieben!

Heute war ich mal wieder kurz in der Weihnachtswerkstatt, um auszuhelfen. Hach, das ist so schön dort! Überall hängen Tannenzweige, die bunt geschmückt sind und es duftet so wunderbar nach Weihnachten. Die vielen Geschenke glitzern in ihren bunten Verpackungen und überall wuseln die vielen Helferlein der Weihnachtswerkstatt umher. Man könnte meinen, es sei ein Ameisenhaufen, weil so viele von uns hin- und herlaufen. Aber alles verläuft nach einem Plan und jeder weiß genau, was zu tun ist. Na, jedenfalls war ich so beschäftigt, dass ich ganz vergessen hatte, in den Pausenraum zu gehen. Denn dort steht immer etwas Obst bereit, damit wir uns stärken können. Daher habe ich mich, als ich zurück war, einfach an eurer Obstschale bedient. Lecker lecker kann ich da nur sagen.

Nun werde ich mich ausruhen und euch wünsche
ich einen wundervoll wichteligen Tag!

15. Dezember

Hallo Ihr Lieben!

Morgen habe ich eine Prüfung. Wir Wichtel müssen zeigen, wie gut wir Geschenke einpacken können. Hach, ich bin ja so aufgeregt, ihr drückt mir doch die Daumen, sodass alles nach Wunsch verläuft, oder? Ich habe heute Nacht auch so richtig fleißig gelernt, aber das habt ihr vielleicht schon bemerkt. Gibt es etwas, bei dem auch ihr ganz aufgeregt seid? Erzählt mir davon. Ich wünsche euch einen ganz erfolgreichen Tag bei allem, was vor euch liegt.

Aufgeregte Grüße

Euer Lieblingswichtel

16. Dezember

Hallo Ihr Lieben!

Danke, dass ihr mir gestern die Daumen gedrückt habt. Ich habe meine Prüfung
mit Bravour bestanden. Juhu! Als Belohnung habe ich mir eine kleine Auszeit
gegönnt und mich einfach ans Fenster gesetzt und ein wenig hinausgeschaut.
Das habe ich früher auch immer so gemacht. Als Wichtelkind habe ich besonders
im Winter gerne am Fenster gesessen und den Schneeflocken beim Tanzen
zugeschaut. Meine zwei Schwestern und ich haben immer geglaubt, wenn wir
nur lange genug das Lied „Schneeflöckchen, Weißröckchen, wann kommst du
geschneit ..." singen, dann würde es sicher bald zu schneien beginnen. Vielleicht
klappt das auch bei euch, falls es nicht zu warm ist. Nun ja, jedenfalls ist
mir aufgefallen, dass eure Fenster noch einen kleinen Feinschliff vertragen
könnten. Daher habe ich etwas für euch vorbereitet. Ich wünsche euch viel
Freude dabei und bin schon sehr gespannt, wie eure Fenster später aussehen.

Zufriedene Grüße sende ich euch

Leser-Info Brief 17:

Partytime! Der Wichtel hat eine kleine Party gefeiert und dazu Puppen/ Kuscheltiere oder Spielfiguren eingeladen. Platzieren Sie einige der Figuren oder der Kuscheltiere im Wohnzimmer und dekorieren Sie so, dass man erkennt: hier hat eine Party stattgefunden. Eine (fast) leere Chipstüte, Partyhütchen, Luftschlangen, Luftballons, Tellerchen mit Krümeln (sodass diese benutzt aussehen), benutzte aber (fast) leere Becherchen usw. Es darf also geplant etwas unordentlich aussehen. Sie selbst bestimmen, inwieweit Sie hier ein „Chaos" erschaffen.

Leser-Info Brief 18:

Es steht wieder ein kleiner Streich an! Gehen Sie mit einer Schere zur Toilette und schneiden Sie in einige Klopapierblätter hübsche Muster hinein und rollen das Klopapier anschließend wieder auf. Dies ist ein sehr beliebter Wichtelstreich und er sorgt immer für ganz ungläubige, aber belustigte Gesichter. Freuen Sie sich gemeinsam mit ihren Kindern über den Streich, aber vergessen Sie nicht zu erwähnen, dass der Wichtel ja ziemlich frech sei, da ja jeder weiß, dass man mit der Schere nur Bastelpapier schneiden darf und es nicht O. K. ist, wenn man etwas anderes schneidet …

Zu diesem Brief gehören einige Ausmalbilder, die Sie im Anhang finden. Bitte legen Sie diese entsprechend bereit.

17. Dezember

Hallo Ihr Lieben,

ich hoffe, dass ihr gut schlafen konntet? Wir waren doch nicht zu laut, oder? Eure liebsten Kuscheltiere, Spielfiguren und ich haben gestern eine Party gefeiert. Einfach nur so, weil wir Lust darauf hatten. Das war eine Sause! Wir haben die Musik richtig laut aufgedreht und getanzt, bis wir ganz wackelige Beine hatten. Es kamen auch ein paar Wichtelfreunde zu Besuch und Birk, den ich schon seit dem Wichtelkindergarten kenne, hat einen neuen Rekord aufgestellt. Er hat 32 Purzelbäume hintereinander geschlagen. Danach war ihm so schwindelig, dass er sich ausruhen musste. Er kann sich nicht mehr daran erinnern, aber sein Köpfchen war so durcheinander gepurzelt, dass er ständig fragte, wo denn die ganzen Vögel herkämen, die im Wohnzimmer herumfliegen würden. Das war natürlich Quatsch. Jeder weiß doch, dass die meisten Vögel nachts schlafen und wir hatten außerdem gar keine Vögel eingeladen. Hach, das war eine schöne Party und wir hatten so viel Spaß. Wir haben bis zum Morgengrauen gefeiert und da hatte ich leider keine Zeit mehr aufzuräumen! Könnt ihr das für mich machen? Ich sage auf jeden Fall schon mal ganz lieb DANKESCHÖN.

Wichteltastische Grüße

18. Dezember

Hallo ihr Lieben,

vielen lieben Dank, dass ihr euch um meine Partyreste gekümmert habt. Das war wirklichsehr freundlich und ich versuche, beim nächsten Mal nicht so viel Unordnung zu hinterlassen. Als Dankeschön habe ich euch ein paar Ausmalbilder mitgebracht, ich hoffe, dass sie euch gefallen. Ich male und bastle auch sehr gerne. Ich habe sogar mal einen Scherenführerschein gemacht. Das war damals im Wichtelkindergarten, zusammen mit meinem besten Freund Birk (von dem habe ich euch ja gestern schon geschrieben). Nur die Wichtelkinder, die besonders gut Muster mit der Schere schneiden konnten, haben diese Auszeichnung bekommen. Ich wollte euch gerne zeigen, wie gut ich mit der Schere umgehen kann, da ich aber kein Papier mehr übrig hatte (ich wollte euch ja unbedingt die Malblätter zur Verfügung stellen) habe ich mir was anderes gesucht. Habt ihr es schon gefunden?

Ganz liebe Grüße

19. Dezember

Oh, manomanoman ...

... jetzt ist es nicht mehr lang!

Hallo ihr Lieben,

seid ihr auch schon so aufgeregt wie ich? In der Weihnachtswerkstatt ist im Moment
so richtig viel los. Jetzt sind es nur noch wenige Tage und alle schuften was das Zeug
hält, damit wir alles fertig vorbereiten können. Ich könnte eine kleine Stärkung
gebrauchen. Habt ihr noch ein paar Kekse, die ihr mir hinstellen könnt? Falls nicht,
wollt ihr mir noch ein paar eurer Lieblingskekse backen? Die Arbeit ist anstrengend,
ein paar Kekse könnten wirklich helfen! Na gut, ich will nicht jammern, es macht
auch Spaß und ich glaube, ich habe den schönsten Job der Welt. Was habt ihr euch
für die letzten Tage bis Weihnachten vorgenommen? Sind die Zimmer schon geputzt?
Ist alles blitzeblank? Falls nicht, wäre jetzt ein guter Zeitpunkt, findet ihr nicht
auch? Also ihr Lieben, ich muss schon wieder los, es gibt noch so viel zu tun.

Aufgeregte Grüße

20. Dezember

Hallo ihr Lieben,

heute durfte ich mit zu den Rentieren. Das ist eine meiner Lieblingsaufgaben.
Kennt ihr all die Namen der Rentiere? Da sind Dasher und Dancer, Prancer,
Vixen, Comet, Cupid, Donner, Blitzen und natürlich Rudolph. Wusstet ihr, dass
Rudolph in der Rentierschule lange gehänselt wurde wegen seiner roten Nase?
Immer wenn er sich aufregte, wurde seine Nase rot und das war ihm manchmal
peinlich. Die anderen Rentiere ärgerten ihn, weil er so anders war. Irgendwann
entschied der Weihnachtsmann, dass die leuchtend rote Nase genau das war, was
noch fehlte! Eines Tages gab es ein so starkes Schneegestöber, dass er gar nicht
sehen konnte, wo vor ihm die Rentiere waren. Wie sollte er da den Schlitten
nur richtig lenken? Also holte der Weihnachtsmann Rudolph zu seinen anderen
Rentieren und sie freundeten sich schnell an. Im nächsten Schneegestöber war
es genau diese rote Nase, die den Weg ausleuchtete und von da an brauchte sich
der Weihnachtsmann keine Sorgen mehr zu machen, ob er die richtige Spur finden
würde. Ist das nicht wunderbar? Rudolph ist inzwischen das bekannteste Rentier
weit und breit und die anderen Rentiere aus der Schule wundern sich heutzutage,
dass sie ihn damals gehänselt haben. Ich sage ja immer, es ist egal, wer wir sind
oder ob wir anders sind als andere. Jeder ist gut so, wie er ist. Stimmt doch, oder?
So, ich muss nun noch eine Weile arbeiten. Ich möchte neues Moos sammeln und
ein paar Flechten und Pilze, die essen die Rentiere nämlich besonders gerne.

Ganz liebe Grüße

Leser-Info Brief 21:

Bitte besorgen Sie zu diesem Brief ein paar frische Tannenzweige.

Zum Beispiel einen Zweig pro Familienmitglied. Da Tannenzweige keine Wurzeln haben, bringt es nicht viel, sie einzupflanzen. Doch oft hat man noch kleine Blumentöpfe in der Garage oder im Keller und kann sie zu folgendem Zweck gut nutzen. Stellen Sie in den Blumentopf ein Glas mit Wasser, in dieses legen Sie den Zweig. Damit das Glas nicht umfällt, können Sie in den Raum zwischen Glas und Blumentopf Erde hineinfüllen. Sie können Alufolie über das befüllte Wasserglas legen und hierauf wiederum etwas Erde, dann sieht es tatsächlich so aus, als wäre der Zweig eingepflanzt und schon haben Sie einen „Mini-Weihnachtsbaum".

Alternativ können Sie natürlich auch mehrere Zweige in eine passende Vase stellen. Nun benötigen Sie noch etwas Dekomaterial (vielleicht haben Sie noch etwas übrig, alternativ lässt sich leicht etwas basteln, das Internet hilft an dieser Stelle). Hat jeder indessen ein eigenes Bäumchen, kann sich jeder seinen Traumbaum schmücken. Gibt es nur einen „Strauß Tannengrün" schmücken alle zusammen.

Leser-Info Brief 22:

Zu diesem Brief benötigen Sie für jedes Kind Zutaten für ein Schokogetränk. Sie selbst können wählen, in welchem Umfang Sie die Überraschung des Wichtels bereitstellen. Ob es Löffelschokolade ist, die man in eine Tasse stellt und später heiße Milch darüber gießt, besondere Schokogetränke, welche im Handel in großer Vielfalt erworben werden können oder ein „einfaches" Kakaopulver, begleitet von Sahne und Mini-Marshmallows oder bunten Zuckerstreuseln, die als Deko dienen. Gestalten Sie es so, wie es Ihnen gefällt.

Leser-Info Brief 23:

Wenn Sie mögen, können Sie zu diesem Brief die Umzugskartons vom Einzug erneut bereitstellen (oder neue Umzugskartons nutzen).

Leser-Info Brief 30:

Vermutlich kennen Sie die Option schon, es ist möglich, fertiges Konfetti zu kaufen. Alternativ nutzen Sie ein paar ruhige Minuten, buntes Papier und einen Locher, um selbst fleißig welches zu produzieren. Legen Sie den geöffneten Locher auf den Tisch und dekorieren Sie diesen mit dem Konfetti.

21. Dezember

Hallo ihr Lieben!

Wusstet ihr, dass jede Familie ihre eigene Tradition hat, wann sie den
Weihnachtsbaum schmückt? Bei manchen Familien kümmert sich das Christkind
um alles. Andere Familien besorgen den Weihnachtsbaum zusammen und wir
Weihnachtshelfer kümmern uns ums Schmücken. Bei anderen Familien ist der
geschmückte Weihnachtsbaum einfach urplötzlich da und wieder andere haben es sich
zur Tradition auserkoren, den Christbaum mit allen zusammen zu schmücken. Mein
Vater ist früher immer mit einem Zollstock und einer Wasserwaage herumgelaufen,
um zu prüfen, ob der Weihnachtsbaum wirklich geradesteht und um herauszufinden,
ob der Christbaumschmuck gleichmäßig verteilt ist. Oje, meine Mutter hat das in
den Wahnsinn geschrieben. Sie sagte immer: „Übertreib doch nicht so! Der Baum
wird wunderschön, ob nun alles gleichmäßig ist oder nicht." Mein Papa hat
dann nur gegrinst, sein Werkzeug beiseitegelegt, und wenn meine Mama gerade
nicht hinschaute, hat er schnell wieder nachgemessen und noch einen Stern oder
eine Kugel umgehängt. So lange, bis er zufrieden war. Nun, ich habe euch auch
etwas mitgebracht. Einen Mini-Weihnachtsbaum sozusagen. Ich wünsche euch
viel Spaß beim Schmücken und bin schon gespannt, wie er später aussieht.

Herzliche Grüße

22. Dezember

Hallo ihr Lieben!

Heute war es frostig, schön! Da wir in der Weihnachtswerkstatt so gut vorankommen,
haben wir eine längere Mittagspause genießen können. Also haben wir uns alle
warm angezogen und sind am Nordpol spazieren gegangen. Zuerst wanderten wir
zu den Eisbären, denn die wohnen ganz in der Nähe der Weihnachtswerkstatt. Die
Eisbären luden uns ein, mit ihnen nach Fischen zu tauchen, aber so sehr ich den
kalten Winter auch mag, Eistauchen gehört nicht zu meinen Hobbys. Die anderen
Wichtel sahen das auch so, also lehnten wir ganz freundlich ab. Einige Eisbären
sind dann ohne uns schwimmen gegangen und wir haben unseren Weg fortgesetzt.
Robben und Walrosse haben wir nur von Weitem gesehen, aber bei den Schneehasen
saßen wir etwas länger. Sie haben kürzlich Nachwuchs bekommen und es war
wirklich putzig, den jungen Häslein zuzuschauen, wie sie so tapsig durch den
Schnee purzelten. Zurück in der Weihnachtswerkstatt wärmten wir uns mit einer
Tasse heißen Kakao auf. So ein schöner Kakao, am besten mit einer Sahnehaube
und vielleicht sogar ein paar Streuseln obendrauf ... Lecker, lecker! Gibt es etwas
Besseres? Ich dachte mir, ihr würdet euch sicher auch über ein leckeres, wärmendes
Getränk freuen und habe euch daher etwas mitgebracht. Lasst es euch schmecken.

Schokoladige Grüße

23. Dezember

Morgen, Kinder, wird's was geben, morgen werden wir uns freun!
Welch ein Jubel, welch ein Leben wird in userm Hause sein!
Einmal werden wir noch wach, heißa dann ist Weihnachtstag!

Wie wird dann die Stube glänzen von der großen Lichterzahl,
schöner als bei frohen Tänzen ein geputzter Kronensaal.
Wißt ihr noch vom vor'gen Jahr, wie's am Weihnachtsabend war?

Welch ein schöner Tag ist morgen, Viele Freuden hoffen wir!
Unsre lieben Eltern sorgen Lange, lange schon dafür.
O gewiss, wer sie nicht ehrt, Ist der ganzen Lust nicht wert!

Hallo ihr Lieben,

ist das nicht aufregend? Morgen ist es endlich so weit, morgen
ist der 24. Dezember. Ganz egal, wie alt man ist, Weihnachten ist
doch jedes Jahr aufs Neue schön, findet ihr nicht auch?

Wir Wichtel singen am 23. Dezember gerne das Liedchen „Morgen Kinder, wird's
was geben". Ich habe es euch mal mitgebracht, aber vermutlich kennt ihr das Lied,
oder? Habt ihr für morgen schon alles vorbereitet? Habt ihr an ein kleines Geschenk
für eure Lieben gedacht? Gemalte Bilder oder eine Kleinigkeit, die man gebastelt
hat, kommen immer gut an. Also noch ist ja etwas Zeit, falls ihr bislang noch nichts
vorbereitet habt. Ich werde heute so langsam, aber sicher die Umzugskartons wieder
heraussuchen und die ersten Kisten packen, damit ich morgen nicht alles auf
einmal packen muss. Morgen am 24. Dezember, wenn alle Geschenke verladen und
auf den Wegen zu den Kindern dieser Welt sind, beginnt die große Putzaktion. Die
Weihnachtswerkstatt soll schließlich wieder blitzen, wenn alle Arbeit getan ist. Später
am Tag reise ich in meinen Wichtelwald zu meinen Eltern. Wir treffen uns wie jedes
Jahr am 24. Dezember, um die Feiertage miteinander zu verbringen. Das bedeutet
für euch, dass ich erst einmal ein paar Tage nicht da bin, aber ich melde
mich zum Jahreswechsel auf jeden Fall noch mal, bevor ich im neuen Jahr
meinen Urlaub antrete. Es war so schön bei euch. Aber nun singe
ich erst mal noch ein paar Stunden mein Lieblingslied des Tages.

Bis morgen, ihr Lieben.

24. Dezember

Hallo ihr Lieben!

Endlich ist es so weit. Weihnachten ist da! Heute ist der 24. Dezember und alle, die in der Weihnachtswerkstatt so fleißig waren, freuen sich wie ich wahnsinnig auf den heutigen Tag. Sicher seid auch ihr sehr aufgeregt und könnt es kaum erwarten, bis der feierliche Teil losgeht, oder? Das Christkind ist mit seinen Engeln unterwegs, der Weihnachtsmann mit seinen Elfen und wir Wichtel sind natürlich überall dabei. Die Weihnachtswerkstatt ist bereits geputzt und gewienert, alles ist fertig. Gleich geht es für mich weiter nach Hause, ich freue mich schon sehr auf meine Familie. Schließlich ist Weihnachten ja ein Fest der Liebe und da umgibt man sich mit all jenen, die einem wichtig sind. Euch wünsche ich ein wichteltastisches Weihnachtsfest mit leckeren Speisen, schönen Geschenken und ganz viel Harmonie und Freude. Den Großteil meiner Umzugskartons nehme ich schon mit, aber wie versprochen melde ich mich zum Jahreswechsel. Bis dahin alles Gute und Liebe und:

Frohe Weihnachten!

30. Dezember

Hallo ihr Lieben!

Dieses Jahr endet bald, bis Silvester ist es nicht mehr allzu lange. Ich dachte, ich helfe euch schon mal bei den Vorbereitungen für eine kleine Party und habe mir extra den großen Locher eurer Eltern geliehen. Puh, ist der schwer! Aber schaut mal - super, wie viel Konfetti ich für euch gelöchert habe, oder? Und wie schön das durch die Luft fliegt, wenn man es hochwirft. Keine Sorge, wenn sich das Konfetti überall verteilt – der Staubsauger schafft das schon. Da fällt mir noch etwas Witziges ein. Als ich noch Zuhause wohnte, meinte meine Mama gelegentlich zu mir: „Mein Herzchen, willst du nicht eine Runde mit dem Elektro-Elefanten spielen?" Das erste Mal bin ich ja darauf hereingefallen, aber bei den nächsten Versuchen habe ich ihr dann gesagt: „Mama, ich bin doch schon groß! Du kannst ruhig sagen, dass ich saugen soll!" Ja ja! So sind die Mütter, immer zu Scherzen aufgelegt. Nun denn, ich wünsche euch einen tollen Tag. Ich werde gleich meine Umzugskisten packen und alles vorbereiten. Was ich alles so vorhabe in den nächsten Monaten, das schreibe ich euch morgen.

Liebe Grüße

31. Dezember

Hallo ihr Lieben!

Ich bin ziemlich traurig, dass ich nun wieder los muss und wir uns eine Weile nicht täglich austauschen können, aber ich freue mich auch auf all das, was vor mir liegt. Und ich freue mich auf die Vorfreude! Schon jetzt fange ich an, die Tage zu zählen, bis im nächsten Jahr die Weihnachtszeit erneut beginnt und ich abermals bei euch einziehen kann, sofern ihr mir dies gestattet.

Heute Nacht ist Silvester, um Mitternacht startet das neue Jahr. Hach, ist das aufregend! In der Weihnachtswerkstatt feiern wir am Abend alle zusammen das große Jahresabschlussfest und morgen, im neuen Jahr, folgt unser traditionelles Neujahrsfest im Wichtelwald mit allen Tieren. Manche Tiere unterbrechen dafür sogar extra ihren Winterschlaf. Das lohnt sich auch, denn es ist immer eine große Party mit Musik und vielen Leckereien, das will schließlich keiner verpassen.

Am 2. Januar starte ich meine Rundreise und besuche überall auf der Welt Freunde und Bekannte. Zuerst geht es nach Paris, dann besuche ich Onkel Ian in Irland und im späten Frühjahr geht es zum Schleifenseminar nach Stockholm. Dort lernen wir die hohe Kunst der Dekoration von Geschenken. Für die Abschlussprüfung werde ich sicher viel lernen müssen, aber wie heißt es so schön: ohne Fleiß kein Preis!

Danach gönne ich mir ein bisschen Urlaub und danach ... Aber das erzähle ich euch ein anderes Mal. Vielleicht schaffe ich es ja zwischendurch mal kurz bei euch vorbeizuschauen. Wenigstens mal für eine Nacht oder einen kleinen Streich. Versprechen kann ich nichts, aber ich bemühe mich, dass es klappt. Versprochen.

Bis dahin wünsche ich euch erst mal einen guten Rutsch und einen guten Start in das neue Jahr. Bleibt gesund und munter.

Herzliche Wichtelgrüße & einen dicken Drücker

Kurzbriefe

Liebe Leserinnen, liebe Leser,

in diesem Abschnitt folgen nun sehr kurze Briefe, die jedoch oft sehr genaue Ideen beinhalten. Da die Ideen selbsterklärend sind, verzichten wir
an dieser Stelle auf weitere erklärende Worte. Nutzen Sie die Briefe, die zu
Ihnen, Ihren Möglichkeiten und Lebensumständen passen.

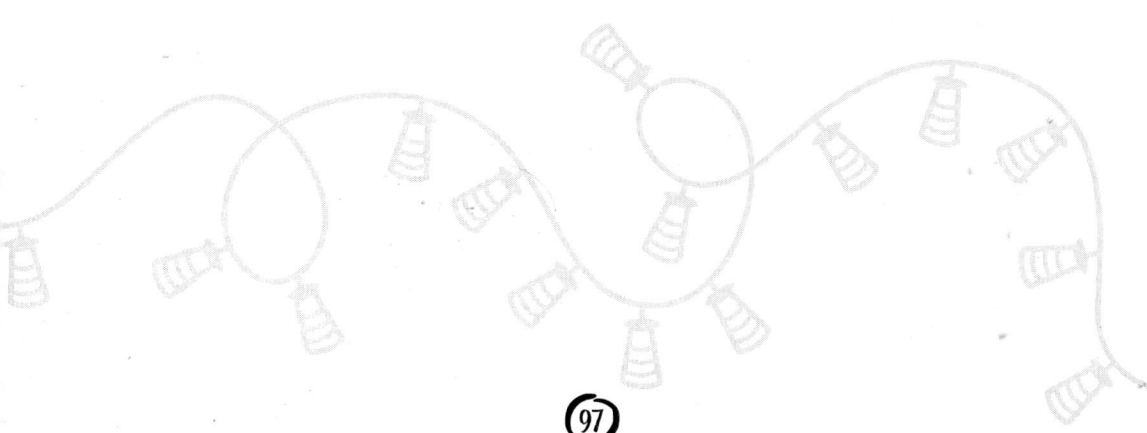

Hallo ihr Lieben,

seid ihr auch so durchgefroren wie ich? An so einem kalten Wintertag schmeckt ein Kinderwichtel-Weihnachts-Chai besonders gut.

Hier sind meine zwei Geheimrezepte für euch:

Rezept 1

Warmer Zitronentee mit einer frisch gepressten Orange, einem halben Teelöffel Honig und einer Messerspitze Zimt (ein kleines bisschen reicht schon). Wer mag, kann diesen Chai noch mit einem Hauch gemahlener Nelken ergänzen.

Rezept 2

Warme Milch, einen halben Teelöffel Honig, Kakaopulver, den Saft einer halben ausgepressten Orange, etwas Zimt und einen Hauch Muskat.

Lasst es euch gut schmecken. Hinterher ist euch sicher wieder warm.

Ich sende euch wichtelige Grüße & habt einen schönen Tag.

Hallo ihr Lieben,

inzwischen fühle ich mich schon richtig wohl bei euch. Ich habe vor meiner Tür noch
etwas dekoriert, gefällt es euch? Aber so richtig weihnachtlich ist es noch nicht.
Habt ihr Lust, mir bei den Vorbereitungen zu helfen und ein bisschen zu schmücken?
Ich bin gespannt, was euch einfällt.

Ich sende euch wichtelige Grüße & habt einen schönen Tag

Knusper, knusper Knäuschen, wer nascht an meinem Häuschen?
Hihi ... wie gut, dass mein Häuschen nicht aus Lebkuchen ist!

Hallo ihr Lieben,

ich musste gerade an das Märchen von Hänsel und Gretel denken und dass zu
Weihnachten so gerne Knusperhäuschen gebastelt werden. Habt ihr es auch schon
probiert? Oft gibt es schon passende Sets zu kaufen, aber in Wirklichkeit kann
man die auch schnell selbst machen. Mit ein bisschen Zuckerguss Butterkekse
zusammenkleben und von außen mit Schokolinsen und Gummibärchen
verzieren. Alternativ kann man auch gut Winterlokomotiven zum Beispiel mit
Dominosteinen auf Butterkeksen bauen. Probiert euch als Zuckerbäcker doch
einfach mal aus. Auf eure süßen Kunstwerke bin ich schon sehr gespannt.

Ich sende euch wichtelige Grüße & habt einen schönen Tag

Hallo ihr Lieben,

Schneeflöckchen, Weißröckchen, wann kommst du geschneit ...

Als junger Wichtel habe ich oft am geschmückten Fenster gesessen und in die winterliche Welt hinausgeschaut. Macht ihr das auch? Allerdings sind eure Fenster nicht so schön, wie unsere früher waren. Wie wär's ... Habt ihr nicht Lust, eure Fenster weihnachtlich zu schmücken? Über ein paar Fensterbilder würde ich mich sehr freuen.

Ich sende euch wichtelige Grüße & habt einen schönen Tag

Hallo ihr Lieben,

ich habe mitbekommen, dass ihr so gerne malt. Daher habe ich in meinem Büro nachgeschaut, ob ich vielleicht noch ein paar Ausmalbilder für euch habe. Da meine Bilder für euch freilich viel zu klein sind, habe ich sie extra mit einem Zauber vergrößert. Gefallen sie euch?

Ich sende euch wichtelige Grüße & habt einen schönen Tag

Hallo ihr Lieben,

heute fühle ich mich ein bisschen schlapp, ich glaube, ich bekomme eine Erkältung.
Brrr ... das gefällt mir gar nicht. Habt ihr vielleicht irgendwas Gesundes,
das ihr mir vor die Tür legen könnt? Vielleicht hilft das ja?

Ich sende euch wichtelige Grüße & habt einen schönen Tag

Hallo ihr Lieben,

im Wichteldorf sind wir immer vorbereitet und überraschen unsere Freunde und
Nachbarn gern mal mit einer gebastelten Kleinigkeit. Vielleicht wollt ihr ja auch
kleine Aufmerksamkeiten für liebe Menschen basteln und sie damit überraschen.

Ich sende euch wichtelige Grüße & habt einen schönen Tag

Hallo ihr Lieben,

heute Nacht habe ich mir eure Familienfotos mal genauer angeschaut. Das sind so tolle Bilder, vielen Dank, dass ich ein bisschen Teil eurer Familie sein darf. Mir ist aufgefallen, es fehlen noch aktuelle Fotos. Wie wäre es mit lustigen Weihnachtsbildern? Zum Beispiel mit Weihnachtsmützen oder anderer Weihnachtsdeko in den Haaren? Na, auf die Bilder bin ich schon gespannt!

Ich sende euch wichtelige Grüße & habt einen schönen Tag

Kling, Glöckchen, klingelingeling ...

Hallo ihr Lieben,

ich höre ja generell gerne Lieder. Aber Weihnachtslieder sind doch immer ganz besonders schön, oder? Daher dachte ich, ihr freut euch vielleicht über ein kleines Geschenk - meine Weihnachtslieblingslieder. Viel Spaß beim Anhören und Mitsingen.

Ich sende euch wichtelige Grüße & habt einen schönen Tag

Hallo ihr Lieben,

im Wichtel-Propheten, unserer Tageszeitung, habe ich gerade gelesen, dass bei euch in der Nähe ein Weihnachtsmarkt stattfindet. Ach, wie gerne würde ich mit euch gehen! Aber bei all den vielen Füßen wäre ich hinterher vielleicht etwas zu platt! Wenn ihr aber für mich dort hingeht, könnt ihr mir später vom Weihnachtsmarkt mit seinen vielen Lichtern erzählen. Ich sitze dann hinter meiner Türe und höre euch zu.

Ich sende euch wichtelige Grüße & habt einen schönen Tag

Hallo ihr Lieben,

habe ich euch eigentlich von unserer Sonntagstradition im Advent erzählt?
Als ich noch klein war, saßen wir in der Familie zusammen am großen Küchentisch, haben Weihnachtslieder gehört und einen leckeren Kakao genossen. Natürlich mit Sahne und bunten Streuseln. Was macht ihr denn so an den Adventssonntagen?

Ich sende euch wichtelige Grüße & habt einen schönen Tag

Hallo ihr Lieben,

lasst uns schmücken! Heute ist es Zeit für Christbaumschmuck. Wenn
ihr so richtig fleißig seid, macht gleich noch ein paar mehr. Es gibt ja
immer jemanden, der sich über Weihnachtsschmuck freut. Oma, Opa, die
Lehrerin oder die Erzieherin im Kindergarten oder die nette Verkäuferin.
Ich bin schon sehr gespannt, was ihr Schönes basteln werdet.

Ich sende euch wichtelige Grüße & habt einen schönen Tag

Hallo ihr Lieben,

gut, dass wir es im Haus so gemütlich haben, nicht wahr? Draußen ist es inzwischen
ziemlich ungemütlich geworden. Übrigens auch für so manche Tiere. Nicht alle Vögel
sind in den Süden gezogen, einige bleiben auch hier und haben es gar nicht
so leicht, im Winter Futter zu finden. Im Internet gibt es ganz viele tolle
Beispiele, wie man Futterhäuser bastelt oder Samen-Ringe zubereitet, die
man in Bäume hängen kann. Mögt ihr den Vögeln eine Freude bereiten?

Ich sende euch wichtelige Grüße & habt einen schönen Tag

Hallo ihr Lieben,

das ist ja wieder ein Wetterchen da draußen! Gut, dass es hier drinnen bei euch so gemütlich ist. Ich habe eine ganz kuschelige Idee. Baut euch den größten Kissenberg aller Zeiten! Mit allen Kissen, die ihr im Haus findet und macht es euch darauf gemütlich. Natürlich mit ein paar Decken, sodass es richtig kuschelig wird. Fragt eure Eltern, ob sie euch eine schöne Geschichte vorlesen. Kuscheln und lesen – so verbringt man am besten die kalten Tage!

Ich sende euch wichtelige Grüße & habt einen schönen Tag

Hallo ihr Lieben,

heute Nacht hatte ich Lust auf Weihnachtsplätzchen. Ich weiß, die Küche sieht jetzt ein wenig wild aus, verzeiht mir bitte das Chaos. Die Plätzchen waren so lecker, ich habe gleich alle aufgegessen. Habt ihr nicht auch Lust zu backen? Eure Eltern haben bestimmt irgendwo ein tolles Backbuch. Da werdet ihr gemeinsam ein tolles Rezept finden.

Ich sende euch wichtelige Grüße & habt einen schönen Tag

Hallo ihr Lieben,

als ihr vorhin unterwegs wart, bin ich aus meinem Wichtelhäuschen
herausgehüpft. Ich habe gedacht, heute wäre ein guter Tag, um gemeinsam
einen schönen Weihnachtsfilm zu schauen. Findet ihr nicht auch? Falls ihr
euch wundert, was so duftet, ich habe extra Popcorn für euch gezaubert – so
verwandelt sich euer Wohnzimmer direkt in einen Kinosaal. Super, oder?

Ich sende euch wichtelige Grüße & habt einen schönen Tag

Hallo ihr Lieben,

die Sonne scheint, die Sonne scheint! Heute ist ein guter Tag für einen schönen
winterlichen Spaziergang. Mit euren großen Schritten kann ich freilich
nicht mithalten, aber wenn ihr wollt, könnt ihr mir nachher vor meiner
Türe erzählen, was ihr alles auf eurem Spaziergang entdeckt habt.

Ich wünsche euch viel Spaß & habt einen schönen Tag

Schlittenfahrt, Schlittenfahrt, 'ne Schlittenfahrt ist toll ...

Hallo ihr Lieben,

es ist Zeit für eine schöne Schlittenfahrt! Also holt eure Schlitten raus, zieht euch warm an und ab in den Schnee. Jucheeeee!

Ich sende euch wichtelige Grüße & habt einen schönen Tag

Hallo ihr Lieben,

wer möchte mir helfen? Ich muss noch so viele Geschenke einpacken und benötige für jedes Geschenk auch einen Geschenke-Anhänger. Also etwas Schönes, auf das ich die Namen derer draufschreiben kann, die das Geschenk erhalten sollen. Habt ihr Lust, ein paar Geschenk-Anhänger für mich zu basteln? Legt sie einfach vor die Türe und ich hole sie mir heute Abend ab.

Ich sende euch wichtelige Grüße & habt einen schönen Tag

Hallo ihr Lieben,

ich habe in einer Ecke noch ein paar meiner Umzugskartons gefunden. Als ich sie auspackte, habe ich dieses Weihnachtsbuch gefunden. Gefällt es euch? Schaut es euch gemeinsam an und wenn ihr Lust auf noch mehr Weihnachtsgeschichten habt, schaut doch mal in einer Bücherei vorbei. Es gibt schließlich so viele tolle Bücher zu Weihnachten. Viel Spaß beim Schmökern.

Ich sende euch wichtelige Grüße & habt einen schönen Tag

Hallo ihr Lieben,

brrr ist das kalt, nicht wahr? Es könnte sein, dass es bald schneit! Vielleicht könnt ihr mir, wenn es soweit ist, an einer geeigneten Stelle ein Mini-Iglu bauen. Dann kann ich mich dort mal kurz ausruhen, wenn ich draußen unterwegs bin. Über einen Schneemann würde ich mich auch sehr freuen. Habt ihr schon eure Handschuhe und Mützen griffbereit?

Ich sende euch wichtelige Grüße & habt einen schönen Tag

Hallo ihr Lieben,

mir ist da was eingefallen! Mir fehlt noch ein schöner Weihnachtsbaum – natürlich
passend in Wichtelgröße. Bastelt ihr mir einen? Ihr könntet einen Weihnachtsbaum
malen und ausschneiden oder aus Pappe oder Filz basteln. Vielleicht könntet
ihr auch einen kleinen passenden Tannenzweig dafür nutzen. Aber was schreibe
ich schon wieder so viel, ihr seid so kreativ, da fällt euch sicher etwas sein.

Ich sende euch wichtelige Grüße & habt einen schönen Tag

Hallo ihr Lieben,

in der Waldwichtelschule mussten wir zur Weihnachtszeit immer Gedichte
auswendig lernen. Kennt ihr auch ein Gedicht? Wenn ja, lasst mal hören.
Falls nein, würde es euch Freude machen, eines zu lernen? Das kommt bei den
Verwandten immer gut an! Ich habe in der Schule manchmal ein bisschen gemogelt.
Wir sollten mal ein Gedicht über einen Weihnachtsbaum lernen – welches war
egal, wir konnten uns eines aussuchen. Ich habe mir einfach eines von Heinz
Erhardt ausgeliehen, das war ein ganz bekannter Komiker und habe es ein
bisschen angepasst. Das war so schön kurz, das konnte ich mir gut merken:

das schönste am Weihnachtsbaum sind die Äste, denn
wär' er kahl, dann wär's nur ein Pfahl.

Der Lehrer hat nur gegrinst und mich einen Schlingel
genannt! Und nun seid ihr dran!

Ich sende euch wichtelige Grüße & habt einen schönen Tag

Hallo ihr Lieben,

ihr seid doch schon Bastelprofis, oder? Habt ihr schon daran gedacht, Weihnachtskarten zu basteln? Für Omama und Opapa, fürs Tantchen und für den Onkel, für die netten Nachbarn! Falls ihr Lust habt, euch aber die Ideen fehlen, wie man kinderleicht Weihnachtskarten basteln kann, dann schaut doch mal bei Pinterest vorbei. Dort gibt es so viele tolle Beispiele. Ich bin sicher, die werden euch auch begeistern.
Viel Spaß beim Basteln.

Ich sende euch wichtelige Grüße & habt einen schönen Tag

Hallo ihr Lieben,

kennt ihr das englische Sprichwort: An Apple a day, keeps the doctor away? Übersetzt heißt das, wenn du jeden Tag einen Apfel isst, dann bleibst du gesund und musst nicht zum Arzt. Aber natürlich wisst ihr schon, dass es gesund ist, Obst zu essen. Da fällt mir was zu dem Thema ein! Zu Weihnachten kann man sich auch mal was gönnen – wie wäre es mit einem leckeren Bratapfel? Der schmeckt nicht nur köstlich, sondern lässt auch das ganze Haus duften. Ihr habt doch bestimmt noch ein paar Äpfel vorrätig, oder? Rezepte gibt es zum Glück im Internet ganz viele, sicher findet ihr eines, das zu euch passt.

Ich sende euch wichtelige Grüße & habt einen schönen Tag

Hallo ihr Lieben,

habt ihr meine Überraschung schon entdeckt? Ich habe euch den Frühstückstisch gedeckt. Ich wollte mal etwas Besonderes für euch tun und habe den Tisch daher so außergewöhnlich schön für euch dekoriert, damit ihr direkt gut gelaunt in euren Tag starten könnt.

Ich wünsche euch einen fantastischen Tagesbeginn!

Liebe und wichtelige Grüße

Hallo ihr Lieben,

bei uns im hohen Norden haben wir ja sehr viel Wasser! Im Winter ist es immer eine ganz besondere Atmosphäre, wenn die kristallklaren Fjorde von Nebel bedeckt sind und überall Schnee liegt. Auf so manchem See friert das Eis so stark, dass man darauf Schlittschuhlaufen kann. Kein Wunder, bei uns wird es ja so richtig kalt. Und wenn es erst mal kalt ist, dann bleibt es auch kalt! Seid ihr schon mal Schlittschuhgelaufen? Ich habe gehört, dass bei euch die Seen meist nicht so zufrieren, wie es nötig ist, um dort sicher das Eis betreten zu können. Aber zum Glück habt ihr ja diese tollen Schlittschuhhallen. Vielleicht probiert ihr es einfach mal aus.

Ich sende euch wichtelige Grüße & habt einen schönen Tag

Hallo ihr Lieben,

ich weiß, im Winter geht man nicht so gerne raus, es ist zu kalt und spielen auf dem Spielplatz macht dann einfach keinen Spaß! Aber ich habe mir etwas überlegt! Ich finde, es muss ein bisschen Action her! In der Nähe gibt es doch so einen tollen Indoor-Spielplatz. Wie wäre es mit einem Ausflug? Dort könnt ihr rennen und toben, ohne dass ihr Angst haben müsst, dass euch der Popo abfriert!

Viel Spaß & habt einen schönen Tag

Hallo ihr Lieben,

heute war ich im Wald unterwegs und habe dem Förster heimlich geholfen, den Tieren des Waldes Futter zukommen zu lassen. All die Tierchen, die noch unterwegs sind und keinen Winterschlaf halten, brauchen schließlich etwas zu essen. Aber im Winter wird es natürlich deutlich schwerer, etwas Passendes zu finden. Also war ich heute im Wald und habe mit den Rehen, Füchsen und Kaninchen gesprochen, nach dem Rechten geschaut und geholfen, wo es ging. Nun koche ich mir erst mal eine Suppe, damit mir wieder warm wird. Esst ihr auch so gerne Suppen in der kalten Jahreszeit? Vielleicht ist es ja eine Idee, in der Küche zu helfen und gemeinsam eine leckere Suppe zu zaubern.

Ich sende euch wichtelige Grüße & habt einen schönen Tag

Hallo ihr Lieben,

heute Nacht hatte ich Lust auf Nüsse! Wie ein Weltmeister habe ich die leckeren
Walnüsse und Haselnüsse geknackt! Das war ein richtiges Muskeltraining. Meine
Arme sind jetzt noch viel stärker! Irgendwo musste ich die Nussschalen lassen und
da fiel mir ein, es wird mal wieder Zeit für einen kleinen Streich. Wenn sich also eure
Eltern wundern, warum es an ihren Zehen kitzelt, wenn sie in ihre Schuhe schlüpfen,
dann verratet mich nicht!
Hihi.

Ich sende euch wichtelige Grüße & habt einen schönen Tag

- -

Hallo ihr Lieben,

es ist so weit. Meine Umzugskartons sind gepackt und ich muss wieder
los. Es war so schön bei euch. Wenn ich darf, komme ich nächstes Jahr sehr
gerne wieder. Heute kommt schon der Umzugsschlitten. Meine Kartons
lagere ich für die nächste Zeit bei meinen Eltern und heute Nacht helfe
ich in der Weihnachtswerkstatt aus für die finalen Arbeiten.

Ich wünsche euch wunderschöne Weihnachten, bleibt gesund und munter und danke,
dass ich zu euch kommen durfte.

Ich sende euch einen großen lieben Wichtelkuss und einen dicken Drücker.

Frohe Weihnachten

Briefe, die zum Austausch anregen

Liebe Leserinnen, liebe Leser,

es ist vermutlich nicht übertrieben, wenn ich behaupte, dass 99,9 Prozent aller Eltern häufig folgende Antworten auf übliche Fragen erhalten:

Wie war dein Tag heute?	→	„Gut!"
Was habt ihr heute gemacht/gelernt?	→	„Nichts!"
War etwas Besonderes heute?	→	„Nein!"

Das Mitteilungsbedürfnis unserer Kinder kommt in solchen Fällen erstaunlicherweise meist schnell zum Erliegen. Dabei würden wir doch so gerne erfahren, was unsere Kinder beschäftigt, was sie denken und fühlen.

Die folgenden Kurzbriefe können Sie dazu nutzen, um ins Gespräch zu kommen. Sehen Sie diese als „Türöffner" an. Nicht selten ergeben sich auf diese Weise interessante Gespräche und Erkenntnisse.

Sie können diese Kurzbriefe gerne zwischendurch zusätzlich nutzen. Nirgends steht geschrieben, dass der Wichtel nur einen Brief pro Tag bringen mag.

Hallihallo!

In der Weihnachtswerkstatt sagen wir gerne Abzählreime auf. So etwas wie:

„Lirum, larum, Löffelstiel, wer das nicht kann, der kann
nicht viel, lirum, larum, leck und du bist weg."

Kennst du auch einen Reim? Ganz egal welchen! Dann lass mal hören.

Wichtelige Grüße

Hallihallo!

Wusstest du, dass wir nicht nur in der Weihnachtswerkstatt helfen,
sondern auch in den Wäldern, wo die Tiere leben? Dort legen wir
gerne Futter aus, damit die Tiere immer genug zu fressen finden. Meine
Lieblingstiere sind Eichhörnchen, weil sie so gut klettern können!

Hast du auch ein Lieblingstier?

Wichtelige Grüße

Hallihallo!

Ich habe heute einen tollen Brief bekommen. Mein Wichtelfreund Merlin hat mir geschrieben. Er hat von seinem letzten Urlaub erzählt. Das muss richtig schön gewesen sein. Wohin würdest du gerne reisen und Urlaub machen?

Wichtelige Grüße

Hallihallo!

Heute war ein schöner, aber anstrengender Tag. Ich habe im Wald eine Hütte gebaut. Morgen will ich wieder hin, aber dann nehme ich mir einen Picknickkorb mit meinen Lieblingsspeisen mit. Was isst und trinkst du am liebsten?

Wichtelige Grüße

Hallihallo!

Backe, backe Kuchen, die Oma hat gerufen! Wenn meine Oma früher gebacken hat, rief sie mich, sodass ich mithelfen konnte. Ach, das war schön und naschen durfte ich natürlich auch. Mit Opa habe ich immer Fußball gespielt. Das war witzig, weil mein Opa gar nicht gut Ball spielen konnte. Hast du Großeltern, mit denen du noch etwas unternehmen kannst? Was machst du mit ihnen am liebsten?

Wichtelige Grüße

Hallihallo!

Mein ganzes Wichtelhaus duftet, ich habe gebacken. Mhm, das riecht so gut! Welche Gerüche liebst du denn so? Den Duft von frisch gemähtem Rasen oder wenn es geregnet hat? Frisches Brot oder den Geruch von einem Kuchen, der gebacken wird? Schnupper doch mal ganz bewusst durch die Welt. Du wirst dich wundern, was es alles für tolle Gerüche gibt.

Wichtelige Grüße

Hallihallo!

Heute habe ich ganz entspannt in der Hängematte gelegen und mich ausgeruht. Vor meinem Fenster zwitscherten ein paar Spatzen, das war putzig. Ich höre gerne, wie die Vögel trällern und singen, du auch? Welche Geräusche magst du noch?

Wichtelige Grüße

Hallihallo!

Heute Nacht habe ich ganz lange gelesen! Es war die Geschichte von den Schmunzelsteinen aus Wichtelhausen. Das ist mein Lieblingsbuch! Wie heißt denn dein Lieblingsbuch?

Wichtelige Grüße

Hallihallo!

Oh wow, war das spannend heute! Der Weihnachtsschlitten wurde repariert und natürlich mussten die Rentiere ausprobieren, ob wieder alles in Ordnung ist. Ich durfte mitfliegen bei diesem Probeflug, ach war das aufregend. Ich wünschte, ich könnte auch fliegen. Wenn du dir eine Superkraft aussuchen könntest, was würdest du gerne können?

Wichtelige Grüße

Hallihallo!

Heute war wieder einer dieser anstrengenden Tage in der Weihnachtswerkstatt. Aber das Schöne bei uns Wichteln ist, dass sich alle gegenseitig helfen. So haben wir unser Tagwerk auch geschafft. Wen hast du zuletzt unterstützt und womit?

Wichtelige Grüße

Hallihallo!

Ich hatte heute Nacht einen witzigen Traum! Ich habe geträumt, die Rentiere würden Urlaub machen und stattdessen haben Elefanten den Weihnachtsschlitten gezogen. So ein Quatsch, oder? Was hast du kürzlich geträumt?

Wichtelige Grüße

Hallihallo!

Heute habe ich nicht so viel geplant und lasse es richtig ruhig angehen. Vielleicht schaue ich eine Runde Fernsehen, aber erst muss ich schauen, ob meine Lieblingsserie läuft. Welche Serie schaust du gerne und warum?

Wichtelige Grüße

Hallihallo!

Ich war heute Nacht auf einem Schabernackseminar. Wir haben so viel gelacht, als wir alldie neuen Streiche gelernt haben. Hast du schon jemanden einen Streich gespielt? Falls ja, was war das für ein Streich?

Wichtelige Grüße

Hallihallo!

Heute war ich bei meiner Tante Lucinda und habe ihr geholfen, Blumen umzutopfen. Die kleinen Blümlein sind so schön gewachsen, dass sie dringend in größere Töpfe umziehen mussten. Ich mag die bunten Blumen, die so schön duften. Hast du eine Lieblingsblume? Welche Farbe hat sie oder weißt du vielleicht sogar, wie deine Lieblingsblume heißt?

Wichtelige Grüße

Hallihallo!

Ich habe neue Schuhe bekommen und bin heute Nacht ganz viel damit
herumgelaufen, damit sie bequemer werden. Es sind Schnürschuhe, also musste ich
noch richtig viel üben, wie man eine Schleife bindet. Kannst du schon eine Schleife
binden oder willst du es auch noch üben? Welche sind deine Lieblingsschuhe?

Wichtelige Grüße

Hallihallo!

Heute durfte ich den Engeln helfen. Ich bin ich sehr gerne bei ihnen, da sie so
wunderbar singen. Singst du auch gern? Wie heißen denn deine Lieblingslieder?
Magst du mir eines vorsingen?

Wichtelige Grüße

Hallihallo!

Heute Nacht habe ich mich gar nicht so gut gefühlt. Ich hatte einen Albtraum, obwohl ich mich gar nicht mehr so richtig an ihn erinnern kann. Zum Glück habe ich meine Eltern. Wenn ich schlecht träume, dann rufe ich Zuhause an und erzähle von dem blöden Traum. Dadurch verliert er nämlich an Kraft und kann nicht mehr ärgern. Wovor fürchtest du dich manchmal?

Wichtelige Grüße

Hallihallo!

Ich bin noch so richtig aufgedreht! Heute habe ich in der Musikabteilung ausgeholfen, in der die Musikinstrumente gebaut werden. In der Pause haben wir mit den Instrumenten gespielt und irgendwie ist daraus ein richtiges Rockkonzert geworden. Das war megagut! Welches ist dein liebstes Musikinstrument?

Wichtelige Grüße

Hallihallo!

Jingle bells, jingle bells, jingle all the way ... Ich habe einen Ohrwurm! Kennst du das auch? Natürlich meine ich keinen echten Wurm, sondern nur den sprichwörtlichen Ohrwurm! Einen Ohrwurm hat man, wenn man ein Lied gehört hat und nicht mehr aufhören kann, es zu singen, weil man es so schön findet. Hattest du auch so ein Lied, dass du immer wieder und wieder singen musstest?

Wichtelige Grüße

Hallihallo!

Heute waren wir Schlittschuhlaufen am großen See im Wichtelpark. Später gab es bei meinem Onkel eine warme Suppe und danach hat uns der Oberwichtel Waldemar am Kaminfeuer Geschichten vorgelesen. Das war ein perfekter Tag!
Wie würde dein perfekter Tag aussehen?

Wichtelige Grüße

Hallihallo!

Smilda, eine freundliche Wichteline, die ich noch aus der Schule kenne, hat sich gemeldet. Sie will zu Besuch kommen. Nun überlege ich, was ich ihr kochen könnte. Ich weiß gar nicht, was sie am liebsten isst. Was hat dir denn in den letzten Tagen am besten geschmeckt? Vielleicht fällt mir dann was Passendes ein.

Wichtelige Grüße

Hallihallo!

Meine Freundin Smilda war zu Besuch und hat leckere Zimtlutscher mitgebracht. Wir haben uns den ganzen Abend erzählt, was es alles so Neues gibt. Natürlich habe ich auch erzählt, wie schön es bei euch ist. Welche Süßigkeit magst du eigentlich am liebsten?

Wichtelige Grüße

Hallihallo!

In der Weihnachtswerkstatt waren heute die neuen Wichtelkinder zu Besuch. Sie machen ein Praktikum, das bedeutet, dass sie mal hier arbeiten und mal dort und viele verschiedene Berufe kennenlernen können. Irgendwie muss man ja erfahren, was man später für einen Beruf ausüben möchte. Weißt du schon, was du später arbeiten möchtest?

Wichtelige Grüße

Hallihallo!

Heute war unser Spieletag. Einmal im Jahr kann jeder sein Lieblingsspiel mitbringen und gemeinsam spielen wir den ganzen Tag. Das war so toll! Welche Spiele magst du besonders gerne und welche eher nicht so sehr?

Wichtelige Grüße

Hallihallo!

Als kleines Wichtelkind habe ich davon geträumt, Erfinder zu werden. Ich überlege mir gerne, was man benötigt und würde am liebsten für alles Mögliche eine Maschine bauen. Etwa eine Zahnputzmaschine. Ich stelle mich einfach vor den Spiegel, öffne den Mund und die Maschine macht alles andere selbst. Das wäre doch praktisch, oder? Was würdest du gerne erfunden?

Wichtelige Grüße

Hallihallo!

Ich habe mal wieder richtig Lust auf einen leckeren Obstkuchen. Aber ich kann mich gar nicht entscheiden. Nehme ich Äpfel oder lieber Bananen oder Erdbeeren oder ... Ach, es gibt so viel Obst, wofür soll ich mich nur entscheiden? Welches Obst isst du denn am liebsten?

Wichtelige Grüße

Hallihallo!

Ich erzähle immer so viel – vielleicht magst du heute mal erzählen? Wie war dein Tag? Was ist alles passiert und was hast du alles gemacht?

Wichtelige Grüße

Hallihallo!

Im Wald war es heute doof. Theo hat mich ständig geärgert und Schneebälle nach mir geschmissen. Das mag ich gar nicht. Wer hat dich zuletzt geärgert und warum? Zum Glück haben Theo und ich uns wieder vertragen, Streit ist nämlich gar nicht schön.

Wichtelige Grüße

Hallihallo!

Heute hat Willowby sein Freundebuch mit zur Arbeit gebracht und ich durfte mich in seinem Buch verewigen. Das fand ich wirklich nett. Mit Willowby bin ich schon sehr lange befreundet. Wir haben viel gemeinsam, er spielt ebenso gerne Fußball wie ich, unsere Lieblingsfarben sind rot und grün und in der Weihnachtswerkstatt sagen sie immer, wir könnten uns bewerben, um Lachweltmeister zu werden.
Es ist einfach immer sehr lustig mit ihm. Ich mag seine gute Laune.

Wer sind deine Freunde und was magst du an ihnen besonders?

Wichtelige Grüße

Hallihallo!

Heute Nacht war ich ein großer Turmbauer! Ich habe mir von dir ein paar Spielzeuge ausgeliehen und aus verschiedenen Dingen Türme gebaut. Das hat Spaß gemacht. Keine Sorge, ich habe natürlich alles wieder aufgeräumt. Kannst du auch Türme bauen? Aus welchen lustigen Dingen hast du schon was gebaut? Es müssen ja nicht immer Bauklötze sein.

Wichtelige Grüße

Hallihallo!

Stellt euch vor, ich habe einen vollen Umzugskarton gefunden. Der stand einfach in der Ecke und ich habe ihn immerzu übersehen. Also habe ich ein wenig aufgeräumt. Ich muss schon sagen, es ist erstaunlich, was man alles aufbewahrt. Sogar alte Hausschuhe habe ich noch in dem Karton gefunden, die hatten sogar Löcher! Mein dicker Zeh hat herausgeguckt. Nun ja, was soll ich sagen, es gab noch mehr Dinge, die ich nicht mehr benötige. Die habe ich jetzt aussortiert. Macht ihr das auch manchmal? Gute Sachen kann man spenden oder auf dem Flohmarkt verkaufen. Was nicht mehr nutzbar war, wurde natürlich richtig sortiert und weggeworfen.

Wichtelige Grüße

Hallihallo!

Gestern war ich auf einem Geburtstag eingeladen. Meine Freundin Freya hatte Geburtstag. Es gab eine große Torte mit Regenbogengeschmack, viele Luftballons und schöne bunte Geschenke. Sie hat eine Strickmaschine geschenkt bekommen, da sie so gerne Socken strickt. Sie meinte, das wäre ihr Lieblingsgeschenk unter all den tollen Geschenken. Wenn du an die Geschenke denkst, die du bisher geschenkt bekommen hast, welches davon war dein Lieblingsgeschenk?

Wichtelige Grüße

Hallihallo!

In der Weihnachtswerkstatt arbeite ich im Moment in der Poststelle. Dort kommen all die tollen Briefe der Kinder aus der ganzen Welt an. Gestern waren besonders viele Briefe mit Bildern dabei. Die Kinder haben so schöne Bilder gemalt, dass es eine richtige Freude ist, dass ich sie mir anschauen darf. Was malst du total gerne? Hast du Lust, mir ein Bild zu malen? Gibt es etwas, das du noch nicht so schön malen kannst, es aber gerne würdest?

Wichtelige Grüße

Hallihallo!

Gestern war ich wieder im Wald unterwegs. Stell dir vor, da kam ein Häschen angehoppelt und war ganz aufgeregt. Die Tiere im Wald hatten eine Schatzkarte gefunden. Gemeinsam sind wir den Spuren gefolgt und haben den Schatz gefunden. Es war eine riesige Kiste mit Heu, Nüssen und Samen für die Tiere des Waldes. Da haben sie sich aber alle gefreut und außerdem hatten wir richtig viel Spaß bei der Schatzsuche. Welchen Schatz würdest du gerne finden?

Wichtelige Grüße

Hallihallo!

Gestern war ich zu einem Backwettbewerb eingeladen. Die Aufgabe war, besonders bunte Plätzchen zu backen. Ich habe zwar nicht gewonnen, aber das muss man ja auch nicht. Es macht Spaß, dabei zu sein und mitzumachen. Der Spaß zählt und nicht, dass man gewinnt. Hast du irgendwann an einem Wettbewerb teilgenommen? Im Kindergarten, der Schule oder im Verein? Was hat dir am Wettbewerb am besten gefallen?

Wichtelige Grüße

Hallihallo!

Weißt du, was mir an unserer Wichtelschule besonders gut gefällt? Neben den üblichen Fächern wie Rechnen, Lesen, Streiche spielen, können wir uns auch Fächer ausdenken und uns selbst wünschen, was wir lernen wollen. Im letzten Jahr habe ich mir zum Beispiel „auf den Händen laufen" als Unterrichtsfach gewünscht. Das war wirklich witzig. Was würdest du gerne lernen?

Wichtelige Grüße

Hallihallo!

Auf meinem Heimweg traf ich Ronja, die war schwer beladen mit vielen verschiedenen Tüten und Kisten. Ich habe ihr natürlich beim Tragen geholfen. Sie war sehr froh und hat sich hinterher herzlich für meine Hilfe bedankt. Ich finde, es ist selbstverständlich zu helfen, du auch? Wobei hast du zuletzt geholfen?

Wichtelige Grüße

Hallihallo!

Im Wald durfte ich heute beobachten, wie gut die Eichhörnchen klettern können. Das ist wirklich beeindruckend, wie flink und geschickt sie sind. Findest du das auch? Ich wünschte, ich könnte auch so toll klettern. Gibt es irgendetwas, das du auch gerne so richtig gut können würdest? Wofür bist du ein Spezialist?

Wichtelige Grüße

Hallihallo!

Körredörredingsda! Was? Du kennst das Wort gar nicht? Ich auch nicht. Hihi.
Wir haben unserer Wichtellehrerin einen kleinen Streich gespielt und uns zehn
Minuten lang in einer Quatschsprache unterhalten. Wir haben so getan, als würden
wir uns verstehen, dabei haben wir alle nur erfundene Quatschwörter aufgesagt.
Unsere Lehrerin Frau Flora war ganz schön verwirrt, weil es ja so aussah, als
würden wir eine andere Sprache sprechen. Sie hat unseren Streich dann aber
doch durchschaut und wir haben zusammen alle ganz herzlich gelacht. Hast du
dir schon einmal Wörter ausgedacht? Probiere es aus, das ist wirklich witzig.

Wichtelige Grüße

Hallihallo!

Heute ist unser Wichtel-Danke-Tag. Habt ihr auch so einen tollen Tag? An diesem
Tag geht man zu allen netten Menschen, die man kennt und bedankt sich für
alles, was sie so tun. Ich war bei meiner Nachbarin Renate und habe mich bei ihr
bedankt, dass wir uns immer so nett unterhalten und bei meiner Friseurin war
ich auch, weil sie mir immer so toll die Haare schneidet. Später habe ich noch
meinen Opa angerufen und mich dafür bedankt, dass er mir so viele tolle Streiche
beigebracht hat. Meiner Mama habe ich natürlich auch gedankt, denn sie ist
immer für mich da, wenn ich Sorgen habe. Danke sagen ist so wichtig, denn oft
vergisst man das einfach. Wem möchtest du gerne Danke sagen und wofür?

Wichtelige Grüße

Hallihallo!

Popcorn, ich habe Lust auf Popcorn. Später will ich noch einkaufen, denn ich benötige Mais, um mir Popcorn zubereiten zu können. Am Abend kommt ein toller Film, den ich mir anschauen möchte. Hast du einen Film, den du gerne schaust – einen Lieblingsfilm? Knabberst du dann auch gerne Popcorn oder etwas anderes?

Wichtelige Grüße

Hallihallo!

In der Weihnachtswerkstatt haben wir uns überlegt, dass wir in der langen Mittagspause aktiver werden wollen. Wir müssen uns nur noch für eine Sportart entscheiden. Purzelbäume, Wettlaufen, Basketball und Fußball, das steht alles schon auf unserer Liste. Hast du vielleicht noch eine Idee, was wir wählen könnten? Was für ein Sport gefällt dir am besten?

Wichtelige Grüße

Hallihallo!

Heute war ich mit Luca unterwegs. Es hat mir aber keinen Spaß gemacht, weil er mich
immerzu geärgert hat. Er fand das witzig und hat gar nicht gemerkt, wie gemein
er zu mir war. Das habe ich ihm dann auch gesagt und er hat sich entschuldigt.
Immerhin! Wer hat dich zuletzt geärgert? Habt ihr darüber gesprochen?

Wichtelige Grüße

Hallihallo!

Puh, ich muss euch sagen, Geschenkschleifen sehen auf Päckchen zwar
ganz nett aus, sind aber überaus schwer zu binden. Es scheint, als hätte
ich zwei linke Hände, was Geschenkschleifen betrifft. Das war heute
ziemlich schwer für mich und hat mir gar nicht so viel Freude bereitet. Die
Oberwichtelin Smilla meinte aber, dass man manchmal einfach mehr üben
muss, um besser zu werden. Gibt es etwas, das dir eher schwerfällt?

Wichtelige Grüße

Hallihallo!

Wenn ich im Wald unterwegs bin, gehe ich immer zu meinem Lieblingsplatz. Es gibt dort eine wunderbar große Tanne. Die Äste reichen in einem Bogen bis ganz auf den Boden. So ist es fast wie in einem Zelt unter der Tanne. Um den Baumstamm herum wächst weiches Moos, sodass man sich dort bequem ausruhen kann. Ich sitze gerne dort und höre den Vögeln und Tieren des Waldes zu. Was sind denn deine Lieblingsplätze im Kindergarten, der Schule und Zuhause?

Wichtelige Grüße

Hallihallo!

Weißt du, was ich toll finde? Dass ich noch fast jeden Tag etwas lernen kann. Egal, wie alt man ist, man kann immer etwas dazu lernen. Heute habe ich zum Beispiel gelernt, wie man Geschenkpapier schneller durchschneiden kann. Das ist mir natürlich eine große Hilfe bei den vielen Geschenken, die ich regelmäßig einpacke. Was hast du denn in den letzten Tagen tolles Neues gelernt?

Wichtelige Grüße

Hallihallo!

Heute habe ich mir einen meiner Lieblingsfilme angeschaut. Drei Haselnüsse für Aschenbrödel. Den Film habe ich schon so oft gesehen, aber ich freue mich jedes Mal wieder ihn zu sehen. Es ist so schön, wie das Aschenbrödel mit drei guten Wünschen überrascht wird, jedes Mal, wenn sie in ihrer Hütte bei der Eule ist und eine Haselnuss dreht. Was würdest du dir wünschen, wenn du drei Wünsche frei hättest?

Wichtelige Grüße

Hallihallo!

Oskar, ein neuer Wichtel, war heute zum ersten Mal in der Wichtelwerkstatt. Ich habe zwar noch nicht mit ihm sprechen können, aber von Weitem habe ich ihn schon gesehen. Er sieht sympathisch aus, daher werde ich ihn bei nächster Gelegenheit fragen, ob wir zusammen spielen wollen. Vielleicht freunden wir uns ja sogar an. Gibt es jemanden, mit dem du gerne befreundet wärst, es aber noch nicht bist?

Wichtelige Grüße

Hallihallo!

Heute war ich mal wieder künstlerisch unterwegs. Ich habe einen
Weihnachtsbaum gemalt und ich muss sagen, der ist mir richtig gut gelungen.
Mit den bunten Lichterketten, Anhängern und Kugeln sieht er fast wie ein
richtiger Weihnachtsbaum aus. Ich bin tatsächlich sehr stolz darauf, wie
gut mir das gelungen ist. Gibt es etwas, auf das du gerade stolz bist?

Wichtelige Grüße

Hallihallo!

Es ist Sonntag! Sonntaaaaag! Sonntag ist mein Lieblingstag. Das war
schon immer so. Als ich noch jung war, haben wir sonntags Ausflüge
unternommen. Wir haben einen kleinen Picknickkorb gepackt und schon ging
es los. Mittags haben wir ein nettes Plätzchen gefunden, an dem wir uns
niederlassen konnten und nach dem leckeren Picknick hat Papa Geschichten
vorgelesen. Inzwischen bin ich nicht mehr jeden Sonntag wandern, aber
ich gönne mir sonntags ein bisschen Zeit, um meine Lieblingsmärchen zu
lesen. Hast du auch einen Lieblingstag? Welcher ist das und warum?

Wichtelige Grüße

Urlaubsbriefe aus aller Welt

Liebe Leserinnen, liebe Leser,
 irgendwann ist es so weit, der Wichtel zieht (zumindest vorübergehend) aus. Nicht alle Familien wünschen, dass der Wichtel immer und durchgehend erreichbar ist. Zum einen kann es mit der Zeit etwas anstrengend werden, andererseits besteht der Wunsch, dass der Wichtel etwas Besonderes bleibt und nicht alltäglich wird. Gelegentlich ein kleiner Gruß vom Wichtel ist dennoch sehr beliebt. In der Regel fragen die Kinder zwischendurch, wie es ihrem Wichtel wohl so ergehen mag. Wie schön, wenn dann ein kleiner Brief oder eine Postkarte diese Frage beantworten kann. Über Facebook finden sich gelegentlich wichtelbegeisterte Familien, die bereit sind, aus ihrer Region eine Karte zu senden. Dies ist eine tolle Idee und eine vielversprechende Möglichkeit, sich als Eltern gegenseitig zu unterstützen. Wer mag, kann gerne unsere folgenden Briefe nutzen. Im Anhang finden Sie Vorlagen für Wichtelbriefe, Wichtelpostkarten sowie Wichtelbriefmarken, die Ihnen ebenfalls digital zur Verfügung stehen. So haben Sie alles beieinander, um sich selbst einen postalischen Gruß zusenden zu können. Lassen Sie Ihr Kind doch einfach mal den Briefkasten leeren, was wird das für eine Freude sein, wenn Ihr Kind realisiert, dass Post für sich selbst vorhanden ist.

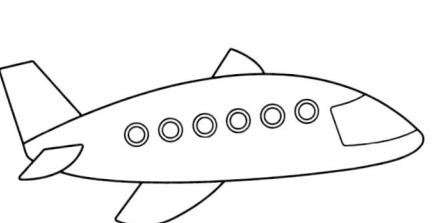

Übersicht der Urlaubsbriefe

- Urlaubsbrief 1: Post aus Italien
- Urlaubsbrief 2: Post aus Ägypten
- Urlaubsbrief 3: Post aus Frankreich
- Urlaubsbrief 4: Post aus der Schweiz
- Urlaubsbrief 5: Post aus Australien
- Urlaubsbrief 6: Post aus Indonesien, Bali
- Urlaubsbrief 7: Post aus Griechenland
- Urlaubsbrief 8: Post aus den Niederlanden
- Urlaubsbrief 9: Post aus Polen

Italien

Buongiorno ihr Lieben!

Ich schreibe euch aus Italien - ist das ein tolles Land! Pizza und Pasta so viel
man will und schön warm ist es auch. Heute war ich in Pisa, das ist eine ganz
alte Stadt, die so berühmt ist, weil sie einen schiefen Turm hat. Stellt euch das
mal vor! Der Turm wurde im Mittelalter gebaut. Er sollte als Glockenturm für den
Dom (das ist eine besonders große Kirche) dienen. Aber nachdem die ersten drei
Etagen gebaut waren, sank der Turm etwas in den Boden, weil der Untergrund,
also der Boden, aus lehmigem Morast bestand. Die Italiener haben danach erst
mal 100 Jahre gewartet, bevor sie weiter bauten. Insgesamt dauerte es sogar 200
Jahre, bis der Turm endlich fertig war. Seit der Grundsteinlegung sind circa 850
Jahre vergangen und der Turm steht immer noch dort. Das ist der Wahnsinn, oder?
Jedenfalls kennt fast die ganze Welt diesen Turm und deswegen kommen auch
so viele Touristen, um ihn sich anzuschauen. Wisst ihr, was besonders lustig ist?
Sich die Touristen anzuschauen, wie sie versuchen, witzige Fotos mit dem Turm
zu schießen. Manche stellen sich so hin, dass es aussieht als würden sie den
Turm wieder gerade rücken wollen. Dabei ist es gar nicht so leicht, in Ruhe ein
Foto zu schießen, weil dort so viele Menschen unterwegs sind. Ich war noch mal
in der Nacht dort, damit mich auch keiner sieht und hatte den ganzen Turm für
mich allein. So konnte ich alles in Ruhe anschauen. Morgen geht es weiter nach
Rom, das ist die Hauptstadt von Italien. Dort gibt es sicher auch ganz viel zu
entdecken. Ich hoffe, es geht euch gut und dass ihr gesund und munter seid.

Arrivederci und liebe Grüße

Ägypten

Ählam wa sählam, ihr Lieben!

Wusstet ihr, dass es ein Tal der Könige gibt? Fünf Kilometer von Luxor in Ägypten entfernt findet man das Tal der Könige. Dort wurden bisher schon 64 Gräber von ägyptischen Königen in pyramidenähnlichen Grabkammern gefunden. Das ist wirklich wahnsinnig beeindruckend. In den Grabkammern (einige kann man tatsächlich besichtigen) ist es eigentlich vollständig dunkel. Zum Glück sind die Kammern, die man besuchen kann, gut ausgeleuchtet. Aber es ist ziemlich feucht dort drinnen. All die Touristen, die die Kammern besuchen, atmen in den Pyramiden Feuchtigkeit aus und diese setzt sich an den Wänden ab. Da es dort natürlich keine Fenster gibt, zieht die Feuchtigkeit nicht so schnell ab. Daher sind auch nicht immer alle Grabkammern geöffnet. Immer nur ein paar und dann für längere Zeit andere, damit sich die Kammern nicht so stark abnutzen, denn sie sollen ja noch viele Jahrhunderte erhalten bleiben. Ägypten ist wirklich eine Reise wert. In der Wüste zum Beispiel kann man Quad fahren oder auf Kamelen reiten. Als Sonnenschutz bekommt man ganz kunstvoll ein Tuch auf den Kopf gebunden. Und die Nächte in der Wüste sind auffallend reizvoll. In der Nacht wird es dort zwar richtig kalt, aber bei den Beduinen im Zelt kann man es gut aushalten. Was mich überraschte - wie bezaubernd der Nachthimmel dort wirkt. Die meisten Nächte sind ganz klar und weil es in der Wüste keine Lichter von irgendwelchen Häusern gibt, ist es richtig dunkel. Dadurch kann man die strahlenden Sterne ganz hervorragend betrachten. Sehr spannend war es für mich, im Roten Meer zu schnorcheln. Ich gehe ja gerne baden, aber in meiner Badewanne ist natürlich nicht so viel Action wie dort im Meer. Es gibt unter Wasser so viele verschiedene Fische und Meerestiere, sodass ich einen ganzen Tag lang geschwommen bin und mir durch die Taucherbrille alles genau angeschaut habe. Also, wenn ihr in Ägypten Urlaub macht, dann plant auf jeden Fall eine Schnorcheltour ein.

Bai bai und liebe Grüße

Frankreich

Bonjour ihr Lieben!

Auf meinen Reisen komme ich an vielen wunderbaren Orten vorbei, aber noch nie habe ich so viele leckere Törtchen gesehen wie in den Pâtisserien Frankreichs. Die Torten, Kuchen, Pralinen, gefüllten Teilchen und kandierten Früchte sind nur ein Teil der Köstlichkeiten, die die französischen Konditoren herstellen und in ihren Schaufenstern anpreisen. Da kannst du locker eine halbe Stunde vor der Glasscheibe stehen und staunen, wie wundervoll diese Leckereien zubereitet wurden.

Frankreich ist ein großes Land mit verschiedenen Regionen, die sehr viel zu bieten haben.

Die Normandie liegt im Norden Frankreichs und ist als Meeresfrüchte- und Fischeparadies bekannt. In der Bretagne kann man wundervoll wandern und an der Küste kann man einigen Surfern und Kitesurfern zuschauen, wie sie über das Wasser flitzen. Sehr beeindruckend ist natürlich der Eiffelturm, der in der Hauptstadt Paris zu finden ist. Der Turm ist 330 Meter hoch und wurde zur zehnten Weltausstellung 1889 gebaut. Zum Glück kann man eine große Strecke mit dem Fahrstuhl hochfahren. Das geht natürlich viel schneller, als wenn man all die Stufen hochklettern muss. Paris ist eine so megagroße Stadt, dass ihr dort mehr als eine Woche herumlaufen und Sehenswürdigkeiten anschauen könnt.

Weiter im Süden Frankreichs liegt die Provence, in der es fast immer warm ist und man überall duftende Lavendelfelder findet. Im Hinterland der Côte d'Azur nahe der bekannten Filmstadt Cannes liegt eine weitere „Hauptstadt". Grasse ist als Hauptstadt des Parfüms weltbekannt. Schon der Stadtbummel durch Grasse ist eine sehr interessante Erfahrung für die Nase. Über den Gassen der Innenstadt verlaufen kleine Schläuche, die ganz fein ein duftendes Wässerchen versprühen. Dieser Hauch von einem Dunst wirkt nicht nur erfrischend, er hüllt die ganze Altstadt in einen wunderbaren Duft. So etwas habe ich wirklich noch nie erlebt. Ich habe dort ein Parfümmuseum besucht, das war so interessant, das könnte ich mir glatt noch mal anschauen. So, nun gehe ich noch eine Weile an den Strand und sende euch ganz viele grand bisous (viele große Küsschen).

Au revoir und liebe Grüße

Schweiz

Sali ihr Lieben!

Wart ihr schon mal in der Schweiz? Auch wenn die Schweiz ein eher kleines Land ist, lohnt sich eine Reise dorthin. Wer die Natur mag, wird die Schweiz lieben. Das Land mit seinen herrlichen Alpen, den glasklaren Seen und blütenreichen Wiesen und Weiden lässt einen nicht nur sprichwörtlich tief durchatmen. Ich war unter anderem im Verzascatal und es gehört zu den schönsten Tälern im Schweizer Kanton Tessin. Märchenhafte Felsenlandschaften und romantische Dörfer in malerischen Bergkulissen kannst du dort durchwandern. Durch das Tal fließt der gleichnamige Fluss, der smaragdgrün schimmert und deswegen auch den Spitznamen „Malediven der Schweiz" trägt. Auf meinen Wanderungen habe ich viele Kühe und Ziegen gesehen und musste dann natürlich auch gleich an Heidi, ihren Großvater und Peter dem Ziegenhirten denken. Kennst du die Geschichten von Heidi?

Eine Besonderheit der Schweiz ist, dass dort vier Sprachen gesprochen werden. Die meisten Schweizer sprechen Deutsch, genauer gesagt entsprechende Dialekte. Danach kommen Französisch und Italienisch. Die vierte Sprache ist eine so alte Sprache, dass sie
kaum noch jemand spricht: Rätoromanisch. Ich finde es ziemlich witzig, dass in einem Land vier verschiedene Sprachen gesprochen werden. Wie viele Sprachen sprecht ihr oder welche möchtet ihr noch lernen? Auch kulinarisch hat die Schweiz einiges zu bieten. Mit einem Bircher Müsli kann man sich zum Frühstück stärken, damit man ausreichend Kraft zum Wandern hat und für unterwegs die berühmte Schweizer Schokolade. Sicher habt ihr schon davon gehört, dass die Schweizer für ihre leckeren Käsesorten berühmt sind. Käse isst man dort aber nicht nur auf dem Butterbrot, sondern gerne auch geschmolzen als Käsefondue mit Brot zum Stippen. So, nun muss ich aber bald ins Bettchen, denn morgen will ich einen Berg besteigen. Das Matterhorn ist zwar nur der fünfthöchste Berg der Schweiz, dafür aber der bekannteste Berg der Schweiz. Ich wünsche euch einen tollen Tag und eine gute Nacht, träumt etwas Feines. Ich denke ganz oft an euch.

Adjö und liebe Grüße

Australien

G'day ihr Lieben!

Es ist Winter in Australien und soll ich euch was sagen? Es ist hier so so dolle heiß, das könnt ihr euch nicht vorstellen! Australien liegt sozusagen auf der anderen Seite der Erde und hier ist es im Sommer kalt und im Winter heiß. Das ist verrückt, oder? Da habe ich mir meine dicken Wintersachen eingepackt, weil ich dachte, im Winter ist es kalt – aber hier in Australien ist es genau andersherum. Unglaublich! Noch nie bin ich so weit gereist wie in dieses Land, aber die Reise hat sich gelohnt. Vielleicht habt ihr auf einem Bild schon mal die Oper von Sydney gesehen. Sydney ist die Hauptstadt von Australien und die Oper ist ein sehr auffälliges Haus, welches ein beliebtes Fotoziel darstellt. In der Oper gibt es Aufführungen von besonderen Sängern. Das sind nicht so moderne und lustige Lieder zu denen man tanzen kann, sondern Geschichten, die gesungen werden. Kennt ihr den Film „Findet Nemo"? Nemo ist auch in Sydney, als er bei dem Zahnarzt im Aquarium lebt. Wenn man am Hafen spazieren geht, kann man sogar echte Wale sehen, die sind so groß, das kann man sich kaum vorstellen. Sehr beeindruckend! Und Koalas und Kängurus habe ich natürlich auch gesehen – die kennt man sonst nur aus dem Zoo. Am witzigsten war es am Bondi Beach. Das ist ein richtiges Surferparadies. Dort kann man den ganzen Tag zuschauen, wie die sportlichen Jungs und Mädels auf ihren Brettern wellenreiten. Nachher treffe ich mich mit einem australischen Wichtelfreund. Er heißt Cooper und hat für uns Wichtel passende Surfbretter gebaut. Ich bin schon ganz aufgeregt, wie das klappt. Und am nächsten Wochenende fahre ich in die Berge. Was ich bisher nicht wusste: die Berge in Australien sind so hoch, dass man auch jetzt noch Schnee dort findet und Ski fahren kann. Also habe ich doch die passende Kleidung dabei und kann meine Bommelmütze und den grünen Schal dort oben gut gebrauchen.

Hooroo! Und liebe Grüße.

Indonesien, Bali

Om Suastiastu ihr Lieben!

Ich bin auf Bali angekommen und lerne hier eine ganz andere Welt kennen.

Im ganzen Land findest du Reisfelder, so weit das Auge reicht. Das
Klima auf dieser Insel ist ideal für den Reisanbau und ermöglicht
mehrere Ernten im Jahr. Kein Wunder, dass Reis auf Bali das
Hauptnahrungsmittel ist. Stellt euch vor, sogar in McDonald's Restaurants
gibt es nicht nur Burger, sondern auch Reisgerichte zu essen.

Am Strand habe ich ein Restaurant gesehen, die hatten ihre Stühle und Tische
bis ins Meer aufgebaut. So konnten die Füße das kalte Nass spüren und auf den
Tischen wurden leckere Fischgerichte serviert. So etwas habe ich vorher wirklich
noch nie gesehen. Restaurants gibt es überhaupt sehr viele, da der Tourismus auf
der Insel die größte Einnahmequelle darstellt. Unterwegs habe ich einen Affenwald
kennengelernt. Meine Güte, da sitzen ja freche Äffchen. Die meisten sind natürlich
harmlos und schauen nur, es gibt aber auch welche, die versuchen, dir etwas zu
stehlen. Zum Beispiel einen Fotoapparat oder ein Handy oder eine Brille. Die Affen
haben gelernt, dass sie auf diese Weise Futter erpressen können. Nur wenn du ihnen
etwas Leckeres anbietest, sind sie bereit zu tauschen und geben wieder ab, was sie
zuvor gestohlen haben. Ziemlich pfiffig, aber auch ein bisschen gemein, oder? Es
gibt viele tolle Sehenswürdigkeiten und Tempelanlagen auf Bali zu besichtigen.
An jedem Feld, an jeder Ecke, an jedem Geschäft stehen kleine Opfergaben, mit
denen man die Götter um eine gute Ernte oder gute Geschäfte bittet oder um böse
Geister fernzuhalten. Es duftet nach verschiedensten Räucherstäbchen, die ebenfalls
überall aufgestellt werden und häufig hörst du Windspiele, die im sanften Wind
ihre Lieder spielen. Wenn man am Abend die Strände entlangspaziert, dann
versuchen die geschäftstüchtigen Balinesen dir einen Sunset-Platz zu

verkaufen. Sunset ist das englische Wort für Sonnenuntergang und der ist auf Bali ein ganz besonderes Schauspiel. Während in Deutschland die Sonnenuntergänge nur langsam vonstattengehen, ist es auf Bali fast so, als fiele die Sonne in das Meer.

Die Balinesen rufen daher „Sunset, beautiful sunset. Best place for sunset" und so versuchen sie dir einen Platz an ihrem Strandabschnitt (der in Wirklichkeit aber allen gehört) zu verkaufen. Sie stellen Plastikstühle auf und du zahlst sozusagen eine Nutzungsgebühr, um auf einem Stuhl zu sitzen. Einige bieten sogar gekühlte Getränke aus ihren Kühlboxen an und haben so eine zusätzliche Einnahmequelle. Alles in allem also wirklich eine ganz andere Welt, aber wunderschön und auf jeden Fall eine Reise wert.

Pamit Dumun und liebe Grüße

Griechenland

Kalimera ihr Lieben!

Weiß und Blau! Was für eine tolle Farbkombination. Während viele
Deutsche bei dieser Kombination an Bayern denken und andere an
den Fußballverein Schalke, denke ich an Griechenland.

Nicht nur die griechische Landesflagge strahlt in blau-weiß. Weiße Häuser (viele
haben sogar ein blaues Dach, blaue Fenster oder Türen) und das blaue Meer bieten
eine traumhafte Kulisse, wenn man zum Beispiel Rhodos, Kreta oder Santorini
besucht, die zu den bekanntesten Inseln Griechenlands gehören. Stellt euch vor,
tatsächlich gehören mehrere Tausende Inseln zu Griechenland. 272 Inseln davon
sind bewohnt. Die malerischen Strände laden zum Baden in das glasklare, blaue
Meer ein. Ein heißer Tipp an dieser Stelle: in den Sommermonaten wird der Sand
an den Stränden so heiß, dass man nicht einen Schritt im Sand gehen kann, ohne
seine Füße zu braten. Badeschuhe sind daher eine lohnenswerte Investition.

Die Olympischen Spiele wurden in Griechenland erfunden und fanden das erste
Mal im Jahr 776 vor Christus statt. Es gefällt mir hier so gut, dass ich meinen
Urlaub in Griechenland noch etwas verlängern werde. Es gibt noch so viel zu
entdecken und zu besichtigen. Unter anderem ganz alte Tempelanlagen und
wirklich interessante Bauwerke. Dafür interessieren sich übrigens auch sehr
viele Touristen. Deswegen bin ich wie üblich, meist in der Nacht unterwegs,
wenn die Menschen schlafen. Zum Glück ist es dann nicht mehr so heiß und
ich muss mich nirgendwo anstellen, um etwas besichtigen zu können.

Ich hoffe, es geht euch gut. Ich denke ständig an euch und
sende euch mit diesem Brief einen dicken Drücker.

Adio und liebe Grüße

Niederlande

Hoi ihr Lieben!

Dass Deutschland verschiedene Bundesländer hat, das weiß fast jeder und wer es noch nicht weiß, der lernt es später in der Schule. Mit den Niederlanden ist das ganz genauso. Viele reden immer nur von Holland, wenn sie die Niederlande meinen, aber in Wirklichkeit besteht Holland nur aus zwei niederländischen Provinzen, nämlich Noord- und Zuid-Holland. Was bei uns also die Bundesländer sind, nennt man dort Provinzen und die Niederlande bestehen aus zwölf Provinzen. Am meisten gefällt mir an den Niederlanden, dass die Menschen dort so unkompliziert sind, die vielen leckeren Käsesorten und Vla! Vla ist ein besonders cremiger Pudding, den es in verschiedenen Geschmacksrichtungen wie Vanille, Erdbeere, Karamell, Schokolade oder auch als Kombi gibt: zwei Sorten Vla in einer Packung. Lecker! Ich kann euch sagen, hat man Vla erst einmal probiert, will man immer mehr davon.

In den Niederlanden gibt es viele tolle Campingplätze, denn die Landsleute sind dafür bekannt, dass sie gerne mit dem Wohnwagen verreisen Die Hauptstadt der Niederlande Amsterdam ist eine große bunte Stadt mit vielen Blumen und wundervollen Grachten. Grachten sind künstlich angelegte Wasserwege in niederländischen Städten.

Spannend finde ich, dass es auch ein paar karibische Inseln gibt, die zu den Niederlanden gehören. Später treffe ich mich noch mit dem Wichtel Wilhelm. Wilhelm ist ein entfernter Cousin meines Vaters. Ich kenne ihn noch nicht, freue mich aber schon sehr auf das Treffen. Wilhelm will mir nachher die Tulpenfelder der Familie, bei der er wohnt, zeigen. Für Tulpen sind die Niederländer nämlich auch bekannt. Übrigens hat Wilhelm einen ganz berühmten Namensvetter. Der König der Niederlande heißt Wilhelm-Alexander. Wie spannend, dass es dort noch eine echte Königsfamilie gibt, oder? Vielleicht schaffen wir ja noch einen Abstecher ins Schloss, ich werde meinen Großcousin später einmal fragen. Nun aber genug von mir. Wenn ihr mögt, dann schreibt mir, wie es euch so geht.
Ich würde mich sehr freuen.

Doei und liebe Grüße

Polen

Witaj ihr Lieben!

Ich war gerade zwei Wochen lang im Urwald unterwegs. Dafür musste ich
gar nicht so weit fahren, wie ich dachte. In Polen gibt es tatsächlich noch
einen echten Urwald. Leider ist er der letzte Urwald Europas. Von der
UNESCO wurde er zum Naturdenkmal ernannt und gilt seitdem als eine
Landschaft, die geschützt werden muss und besonders sehenswert ist.

Gemeinsam mit meiner Wichtelfreundin Alicja, die ich vom Schabernackseminar
aus dem letzten Jahr kenne, war ich im Urwald wandern und konnte viele
Luchse und Braunbären kennenlernen. Abends haben wir gerne mit den Tieren
zusammengesessen und einander lustige Geschichten erzählt. Als Nächstes planen
wir, mit dem Boot ein paar Tage auf dem größten Fluss Polens, der Weichsel, zu
reisen. Und falls wir dann noch nicht genug vom Wasser haben, suchen wir uns
einen schönen See. Es gibt hier fast 10.000 Seen, mehr gibt es in Europa nur
in Finnland. Die Weichsel fließt übrigens auch durch Warschau, so heißt die
Hauptstadt Polens. Fatalerweise wurde die Stadt im Zweiten Weltkrieg stark zerstört,
aber die Polen haben die schöne Stadt wieder neu aufgebaut. Aus Polen stammen
einige sehr berühmte Persönlichkeiten wie Johannes Paul II., der sehr lange als
Papst die katholische Kirche regierte. Frédéric Chopin ist einer der bekanntesten
polnischen Musiker und auch wichtige Wissenschaftler wie Marie Curie und Nikolaus
Kopernikus stammen aus Polen. Dank Nikolaus Kopernikus wissen wir viel über das
Weltall und Marie Curie war Chemikerin und Physikerin. Sie hat für ihre Arbeiten
sogar zwei Mal den Nobelpreis, eine ganz besondere Auszeichnung, erhalten.

So, nun muss ich diesen Brief zu Ende bringen, denn es gibt gleich Essen. Alicja hat
für uns Bigos auf dem Campingkocher gekocht. Bigos ist hier das beliebteste Gericht.
Es ist ein Krauteintopf mit Pilzen und verschiedenen Fleischsorten und
das kann ich mir natürlich auf keinen Fall entgehen lassen.

Do widzenia und liebe Grüße

Brief Specials

Liebe Leserinnen, liebe Leser,

in diesem Kapitel finden Sie Briefvorlagen, die Sie nur in speziellen Fällen benötigen.

Viele Familien möchten den üblichen Schoko Adventskalender ersetzen und nutzen dazu die Möglichkeit, dies über den Hauswichtel umzusetzen. Der Brief zum besonderen Adventskalender erklärt im Vorfeld, dass der übliche Schokokalender in diesem Jahr durch die Überraschungen durch den Wichtel abgelöst werden.

Ebenso finden Sie in diesem Kapitel einen Brief, der den Kindern erklärt, dass es vorkommen kann, dass nicht an jedem Tag ein Brieflein bereitliegt. Es ist leichter, dies im Vorfeld anzukündigen, als der Versuch enttäuschten Kinderaugen zu erklären, warum der Wichtel sich nicht gemeldet hat. Mit dem Wissen im Hinterkopf, dass der Wichtel nur deswegen keinen Brief bereit gelegt hat, weil Mama und Papa nicht rechtzeitig daran gedacht haben.

Auch für den Fall, dass Sie überlegen Ihre Kinder mit einem anderen meiner Wichtelbücher zu überraschen finden Sie in diesem Abschnitt vorbereitete Briefe. Diese Wichtelbücher sind Bücher, die auch für Kinder zum Vor-, Mit- oder Selberlesen geeignet sind:

„Die Schmunzelsteine aus Wichtelhausen"
„Geschichten aus dem Wichtelwald"
„Wichtelsüße Weihnachtsküche"

Diese Briefe sind, wie alle Briefe in diesem Buch, nur optionale Angebote. Nutzen Sie die Briefe so, wie es zu Ihren Ideen und Vorstellungen passt.

„Die Schmunzelsteine aus Wichtelhausen"

Hallo Ihr Lieben!

Ihr lest doch bestimmt genauso gerne Geschichten und Märchen wie ich, oder?

Auch wir Wichtel lesen gerne und wenn wir mal kein Buch zur Hand haben,
dann erzählen wir einander von alten Wichtelsagen. Meine Lieblingssage
handelt von Steinen! Hört sich jetzt nicht so spannend an, oder? Ist es aber,
denn stellt euch vor, in der Sage geht es um Steine, die grinsen können.

Ein anderes Wort für Grinsen ist Schmunzeln und mit diesen
Schmunzelsteinen zeigen wir Wichtel, wen wir gernhaben und wie
ich inzwischen weiß, kennen auch viele Menschen diese wunderbaren
Schmunzelsteine. Sie werden nur an liebe Zeitgenossen verschenkt, um
ihnen zu sagen: „Du, ich mag dich und ich hoffe, es geht dir gut."

Seid ihr nun neugierig auf diese tolle Wichtelsage geworden? Habt ihr Lust,
sie zu lesen? Falls ja, findet einen schönen Stein und legt ihn vor meine
Wichteltür. Nehmt ein kleines Zettelchen dazu und malt auf dieses Blatt ein
lustiges Gesicht. Dies müsst ihr dann ebenfalls zum Stein vor meine Tür legen
und ich zaubere euch bei nächster Gelegenheit das Buch aus diesen Zutaten.
Ich bin schon sehr gespannt, wie euch diese wundervolle Geschichte gefällt.

Ganz liebe Grüße und bis bald

Geschichten aus dem Wichtelwald

Hallo ihr Lieben!

Was haben ein Zauberspruch, eine Wichtelschaukel, besonderes Blumenwasser und ein Kunstwerk im Wichtelwald gemeinsam? Zu jedem gibt es eine wunderbare Geschichte! Als ich noch ein kleiner Wichtel war, haben mir meine Eltern jeden Abend eine Gute-Nacht-Geschichte vorgelesen. Ich habe diese Zeit immer sehr genossen. Nach dem Zähneputzen ging es ab ins Bett, wir haben uns aneinander gekuschelt, gemeinsam über den vergangenen Tag gesprochen und zum Abschluss gab es liebevolle und bunte Geschichten.

Habt ihr auch solche Gute-Abend-Rituale? Wie enden eure Tage für gewöhnlich?

Na jedenfalls, ich kenne da ein Buch, ein ganz besonderes Buch, in dem sind zwölf liebenswerte Wichtelgeschichten zu finden, die sich hervorragend als Gute-Nacht-Geschichten eignen. Eine Freundin hat diese Geschichten aufgeschrieben und daher gibt es unsere Wichtelgeschichten nun auch in der passenden Größe für Menschen. Prima, oder?

Leider ist es mir nicht direkt möglich, euch diese Geschichten vorzulesen. Aber ich dachte, wenn ich euch ein wichteliges Gute-Nacht-Buch zur Verfügung stelle, dann ist es fast so, als würde ich euch vorlesen. Daher habe ich euch eben jenes Buch als Geschenk mitgebracht. Ich hoffe sehr, dass es euch gefällt. Jetzt müsst ihr das Buch nur noch finden, ich habe mir erlaubt, es für euch zu verstecken. Viel Spaß beim Suchen und noch mehr Spaß beim Vorlesen lassen.

Ganz liebe Grüße und angenehme Träume

Wichtelsüße Weihnachtsküche

Hallo ihr Lieben!

Ich bin ein großer Hobbybäcker, habe ich das schon mal erwähnt? Ich koche und backe unheimlich gerne. Es bereitet mir sehr viel Freude, immer wieder ein neues Rezept auszuprobieren und wenn es erst mal fertig ist, vom leckeren Ergebnis zu naschen. Auf der Arbeit in der Weihnachtswerkstatt haben wir uns über die besten Rezepte unterhalten und Alma, eine liebe Wichteline, die so gerne ihre rot karierte Küchenschürze trägt, meinte, sie hätte da einen tollen Tipp für mich. Am nächsten Tag hat sie mir ein hübsch verpacktes Buch überreicht. Es heißt „Wichtelsüße Weihnachtsküche". Dort sind viele tolle Plätzchenrezepte enthalten und ein paar andere Leckereien. Besonders gut gefällt mir, dass das Buch nicht nur Rezepte enthält, sondern auch kurze Wichtelgeschichten. Da fällt mir ein, vielleicht wäre das Buch auch eine tolle Idee für euch? Soll ich es für euch großzaubern? Ihr könnt mich bei diesem Zauber ganz einfach unterstützen. Schneidet ein kleines und ein großes Rechteck aus einer alten Zeitung oder einem Prospekt aus. Legt die beiden Rechtecke übereinander und wenn ihr habt, streut etwas Zauberpulver darüber. Um alles andere kümmere ich mich. Ich werde mich nun gleich auf meine Gartenbank setzen und mir noch ein paar Leckereien gönnen.

Ganz liebe Grüße und bis bald

Hallo liebe Familie,

da ich als Abgesandter der Weihnachtswerkstatt dieses Jahr für euch zuständig bin, hat der Oberwichtel Gilby Jokkmokk entschieden, dass es auch zu meinen Aufgaben gehört, mich um den täglichen Adventskalender zu kümmern. Es gibt also dieses Jahr keinen langweiligen Adventskalender aus Pappe, sondern ...

Trommelwirbel

MICH!

Ich werde euch jeden Tag eine kleine Adventskalender-Überraschung bereitlegen. Da ich bei dem langen Wort immer einen Knoten in die Zunge bekomme, sage ich von jetzt an nur noch A-K-Ü! Das ist sehr innovativ, oder? Eine Kleinigkeit müssen wir nun noch besprechen, bevor es am 1. Dezember losgeht. Soll ich eure AKÜ immer direkt vor meiner Tür ablegen oder wollt ihr lieber auf Entdeckungsreise gehen? In dem Fall würde ich mir jeden Tag ein kleines Versteck suchen und dort eure AKÜ bereitlegen. Sollte es einmal zu schwer werden, würde ich euch natürlich wie bei einer Schnitzeljagd einen kleinen Tipp geben. Kreuzt einfach an, für welche Variante ihr euch entscheidet:

☐ AKÜ - auf einem Tellerchen an meiner Türe

☐ AKÜ – Versteckspiel

Ich freue mich schon, euch zu meinen Briefen auch täglich mit einer AKÜ überraschen zu dürfen.

Wichtelige Grüße

Kleine Brief- und Schabernackpause

Hallo liebe Familie,

ehe ich es vergesse, ich wollte euch noch etwas Wichtiges mitteilen. Es kann vereinzelt vorkommen, dass nicht an jedem Tag ein Brieflein für euch bereitliegt. Manchmal ist in der Weihnachtswerkstatt so viel zu tun, dass wir eine Extraschicht einlegen oder ich auf Besorgungstouren unterwegs bin, die es mir nicht ermöglichen, bei euch Zuhause vorbei zu kommen. Also wundert euch nicht, wenn ich nicht schreibe. In dem Fall ist gerade einfach viel zu tun. Seid dann also nicht traurig, denn ich komme immer wieder, so lange ihr es euch wünscht. Hochheiliges Wichtelehrenwort!

Liebe Grüße

Briefe mit Zaubereien

Liebe Leserinnen, liebe Leser,

Zaubereien üben grundsätzlich auf Groß und Klein eine große Anziehungskraft aus. Kein Wunder also, dass gerade Wichtelzauber besonders beliebt sind. Da wird aus einem Hühnerei schon mal ein Schokoladenei, aus mitgebrachten Ästchen ein Wichtellagerfeuer, aus einem Bonbon ein Lutscher oder aus einem großen Ausmalbild, passend für die Wichtelwohnung, ein winziges Bild (oder umgekehrt).

Die Zauber laufen meist sehr ähnlich ab. Der Wichtel oder die Wichteline schreibt in einem Brief, was für den bevorstehenden Zauber vorbereitet werden muss. Die Kinder legen alles Gewünschte vor die Wichteltür, sagen ein Sprüchlein auf, drehen sich wahlweise dazu im Kreis oder streuen ein wenig Glitzerpulver auf besagte Zutaten.

Der Umwelt zuliebe, bitte ich Sie auf echtes Glitzerpulver zu verzichten. Es gibt in großen Supermärkten inzwischen Glitzer-Puderzucker zu kaufen. Verpassen Sie diesem Döschen einfach ein neues Etikett, indem sie es ringsherum mit weihnachtlichem Geschenkpapier bekleben oder füllen es alternativ in kleine Miniatur-Gläschen (häufig mit einem Korkverschluss erhältlich). Alternativ können Sie zum Beispiel mit Lebensmittelfarbe ungekochten Reis einfärben. Ist dieser richtig durchgetrocknet, kann der bunte Reis mit einer Küchenmaschine in feinsten bunten Sand zerkleinert und in Ihr Wunschbehältnis gefüllt werden.

Nachdem die Zauberzutaten mit dem Zauberpulver bzw. Zaubersand bestreut wurden, wird gemeinsam ein Sprüchlein aufgesagt. Die Wichtelzauber wirken in der Regel über Nacht und am nächsten Morgen sind Ihnen die glitzernden Augen Ihrer Kinder garantiert, wenn Sie die Zauberzutaten gegen das Zauberergebnis ausgetauscht haben.

Hier folgen nun unsere liebsten Zaubersprüche, die Sie gerne für Ihren Zauber nutzen können.

Feenzauber und Wichtelohr,
führ mir einen Zauber vor!

Den Wichtelberg ab und auf,
Wichtelzauber nimm deinen Lauf.

Wichtelein oh Wichtelein,
mach mein Bildchen ganz ganz klein.

Wichtel – Bichtel – wibomax,
Zauberei, das ist ein Klacks!

Zuckerwatte, Schokoapfel und gebrannte Mandeln,
mein Wichtel kann das leicht verwandeln.

Wichtelwald und frecher Troll,
das, was der Wichtel zaubert, das ist toll!

Zaubersand oh Zaubersand,
verwandle dies von magischer Hand
in ein völlig neues Gewand.

Kleine Ideensammlung Wichtelzauber zu Ihrer Inspiration!

Diese kleine Auflistung soll Ihnen als Anregung dienen. Mit ein bisschen Fantasie lässt sich zu jedem Gegenstand ein Zauber entwerfen. Nutzen Sie z. B. andere Aggregate oder Entwicklungszustände einer Sache (Kartoffel – Pommes), um durch einen Zauber eine Veränderung zu bewirken.

Aus „A" wird mit einem Zauber über Nacht -> „B"

Schaschlik-Spieße -> (trockene) Spaghetti mit Kochhinweisen für das Mittagessen

Schaschlik-Spieße -> Schoko-Mikado-Stäbchen

(trockene) Spaghetti -> Süßigkeiten-Spaghettibänder (bunt)

Hühnerei -> Kinder-Überraschungsei

Eine Erdbeere in einer Schale mit Wasser -> fertige Götterspeise oder Kaltschale

Kinder einen Tannenbaum auf Papier malen lassen ->
Tannenzweig in einen Blumentopf setzen und die Kinder können
diesen Zweig als kleinen Christbaum schmücken

Kleine Papiersterne ausschneiden -> Tütensuppe mit Sternchennudeln

Kartoffeln -> Haribo-Pommes (Filmeabend)

Kartoffeln -> Chipstüte (Filmeabend)

Prise Salz und Mehl -> Salzteig

Bekommt der Wichtel zwischendurch neues Mobiliar bzw. Dekoration? Dies können Sie ebenso für einen Zauber nutzen. Zum Beispiel die Kinder per Brief bitten, dass Sie Mini-Ästchen bereitlegen. Mittels Zauberpulver und Zauberspruch entsteht über Nacht eine Bank oder ein Lagerfeuer für den Wichtel. Lassen Sie Ihrer Kreativität freien Lauf.

Anhang – Wichtelige Vorlagen

Liebe Leserinnen, liebe Leser,

für Sie als unsere Buchkunden, haben wir verschiedene digitale Vorlagen vorbereitet.

Bitte beachten Sie, es besteht kein Rechtsanspruch für diese ergänzenden Dateien.

https://www.stayinspired.de/wichtel/

Daher ist es sinnvoll, diese Inhalte direkt nach Erwerb des Buches herunterzuladen und abzuspeichern.

Bitte beachten Sie, dass Sie diese Inhalte nur zu rein privaten Zwecken nutzen dürfen. Die digitalen Inhalte dürfen weder verändert noch weitergegeben werden.

Wichtel-Rätsel

Wichtel-Umzugskartons

Wichtel-Suchbilder

Wichtel-Unterschied-Bilder

Wichtel-Labyrinthe

Wichtel-Ausmalbilder

Wichtel-Rufer

Wichtel-Briefmarken

Wichtel-Gesellschaftsspiele

Warnschild für die magische Wicheltür

Blanko-Wichtelbriefpapier

Ein kleines Schlusswort

Liebe Leserinnen, liebe Leser,

nun hoffe ich, dass Sie mit den vielen Briefideen aus diesem Buch eine außerordentliche schöne Weihnachtszeit mit Ihren Lieben genießen können. Die Wichtelidee ist wundervoll, kann aber durch die tägliche Erwartung leicht in Stress ausarten. Mit den vorformulierten Briefen, die Sie mit diesem Werk in Händen halten, ersparen Sie sich viel Vorbereitungszeit. Während in diesem Buch der Fokus auf den Briefen liegt, liegt der Schwerpunkt meines ersten Wichtelbuches auf den Streichen, die ein Wichtel gerne umsetzt. Die Wichtel Schabernack Ideen begeistern bereits seit mehr als drei Jahren tausende Leser in Deutschland, der Schweiz, in Österreich und auch in Italien. In meinem ersten Buch finden Sie mehr als 230 gut sortierte Streiche, die der Wichtelidee noch mehr Leben einhauchen und für noch mehr Lacher und erstaunte Blicke sorgen. Oder um es kurz zu sagen, die ideale Ergänzung zu diesem Buch.

Ich wünsche Ihnen ein wundervolles Weihnachtsfest.
Herzliche Grüße

Ihre
Sandra Pirl

Magische Wichtelpost

120 Briefe für eine entspannte Wichtelzeit

Briefe bis
Silvester, Kurzbriefe
für das ganze Jahr,
Urlaubsbriefe, neue
Zaubersprüche,
Checklisten und
digitale Vorlagen

Sandra Pirl

KAWA

Die magische Wichteltür

Wichtel Schabernack Ideen

Sandra Pirl

KAWA

Über 200 Wichtel - Ideen für Eltern

Kinderbuch, Bastelideen
ISBN: 978-3947738915

www.kampenwand-verlag.de

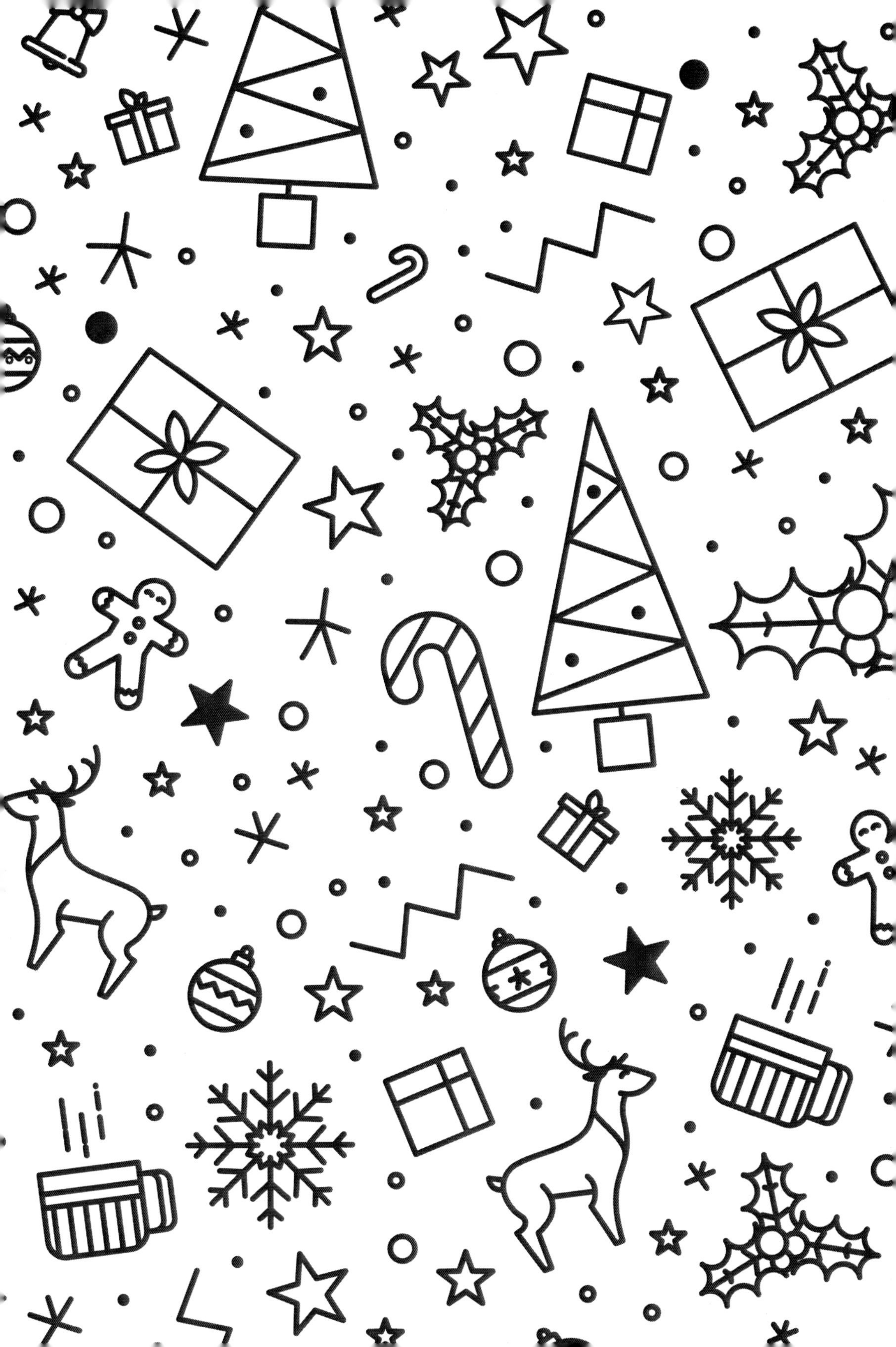